Otto Krisch

Das Tagebuch des Nordpolfahrers Otto Krisch

Maschinist und Offizier der zweiten österreichisch-ungarischen Nordpolexpedition 1875

Otto Krisch

Das Tagebuch des Nordpolfahrers Otto Krisch

Maschinist und Offizier der zweiten österreichisch-ungarischen Nordpolexpedition 1875

ISBN/EAN: 9783954271191
Erscheinungsjahr: 2012
Erscheinungsort: Bremen, Deutschland

© maritimepress in Europäischer Hochschulverlag GmbH & Co. KG, Fahrenheitstr. 1, 28359 Bremen. Alle Rechte beim Verlag und bei den jeweiligen Lizenzgebern.

www.maritimepress.de | office@maritimepress.de

Bei diesem Titel handelt es sich um den Nachdruck eines historischen, lange vergriffenen Buches. Da elektronische Druckvorlagen für diese Titel nicht existieren, musste auf alte Vorlagen zurückgegriffen werden. Hieraus zwangsläufig resultierende Qualitätsverluste bitten wir zu entschuldigen.

Tagebuch

des

Nordpolfahrers Otto Krisch

Maschinisten und Offiziers

der zweiten

österr.-ungar. Nordpol-Expedition.

Aus dem Nachlasse des Verstorbenen

herausgegeben von seinem Bruder

Anton Krisch,

k. k. Marine-Commissariats-Adjunkt.

Der Reinertrag ist einem zur Ehre des Verblichenen in seinem Geburtsorte zu errichtenden Denkmale gewidmet.

Nachdruck und Ueberfetzungsrechte vorbehalten.

Wien, 1875.

Im Verlage der Wallishausser'schen Buchhandlung (Jo Klemm),
Hoher Markt Nr. 1.

Einleitung.

Otto Krisch, Maschinist der zweiten österr. ungar. Nordpol-Expedition am Bord der Yacht „Vice-Admiral Tegetthoff", Sohn des fürstlich Waldburg'schen Leibarztes Anton Krisch in Salzburg, hat am 13. Juni 1844 zu Patschlawitz in Mähren, das Licht der Welt erblickt.

Schon als Knabe versuchte er sich, sobald ihm ein Messer und ein Stückchen Holz unter die Hände kam, in der Erzeugung von allerlei Dingerchen, denen er in seiner Phantasie den Namen von Maschinen beilegte. In seinem 9. Jahre bezog er die Realschule zu Kremsier, wo er Liebe und Geschick für das Zeichnen und für mathematische Gegenstände an den Tag legte.

In seinem 14. Jahre, in eine Wiener Maschinen-Fabrik aufgenommen, entwickelte Krisch viele Fähigkeiten für sein gewähltes Fach, besuchte fleißig die Sonntagsschulen und bemühte sich schon dazumal, seine theoretischen Kenntnisse immer mehr zu erweitern.

Im Jahre 1866 wurde derselbe zur Militär-Dienstleistung beigezogen und wählte, um seinem Berufe nicht entfremdet zu werden, die k. k. Kriegs-Marine. Auch da erwarb sich Krisch durch seinen Fleiß und sein vortheilhaftes Benehmen sehr bald die Gunst seiner Vorgesetzten, erreichte in wenigen Monaten den Grad eines Maschinen-Unter-Offiziers und machte als solcher am Bord der k. k. Kriegsschiffe „Gemse", „Kerka" und „Pola" längere See-Campagnen mit.

Im Winter von 1871 auf 1872 kam derselbe nach Triest, um sich als Maschinist auf einem der der Schifffahrts-Gesellschaft „Adria" gehörigen Dampfer einzuschiffen, wo er den Führer der österr. ungar. Nordpol-Expedition, Herrn k. k. Linien-Schiffs-Lieutenant Weyprecht fand, der gerade zu jener Zeit einen für die Zwecke seines Unternehmens geeigneten Maschinisten suchte. Von den beiden Ober-Maschinisten Herren Gerber und Zellermayer besonders anempfohlen, wurde er von Weyprecht zur Theilnahme an der Expedition eingeladen, welchem ehrenden Rufe er, wenn auch Anfangs mit etwas beklommenem Herzen folgte. Er schritt zur sofortigen Uebernahme der für die Dampf-Yacht „Tegetthoff" beim Stabilimento tecnico Triestino construirten Maschine und verließ am 3. März 1872 Triest, um sich behufs Installirung der Maschine am Bord des genannten Schiffes, nach Geestemünde zu begeben.

Indem ich mit diesen wenigen Worten die Biografie des Mannes, welcher im Kampfe für die Wissenschaft im grausen Norden den Heldentod gefunden, voraussende, sei es mir noch gegönnt, einiger Stellen des von dem edlen Führer der Expedition, Herrn Carl Weyprecht, während der Rückkehr nach Oesterreich an meinen Vater gerichteten Briefes, wie folgt, Erwähnung zu thun:

Dampfer Finnmarken, den 16. September 1874.

Geehrter Herr!

„Durch das Comité in Wien werden Sie wahrscheinlich telegrafisch von dem Tode Ihres Sohnes Otto verständiget worden sein. Es bleibt mir die traurige Pflicht, Ihnen nähere Mittheilung zu machen."

„Die Krankheit, Tuberkulose, scheint schon früher in ihm gelegen zu sein; die ersten Anzeichen traten schon im Frühjahre 1873 auf. Im Laufe des Sommers 1873 setzte er die Maschine in Stand und führte verschiedene Arbeiten behufs Ausgrabung des Schiffes aus, construirte neue Eissägen, Eisbohrer und Eismeißel; mußte jedoch schon damals die Arbeit in Folge von Brustbeschwerden öfters unterbrechen. Anfangs Oktober traten Brustkrämpfe ein und es bildeten sich nach Aussage des Arztes auch Tuberkeln im Magen; später kamen Blutstürze dazu."

„Im Februar bekam er quälende Kopfschmerzen und bildeten sich nach Aussage des Arztes auch im Gehirne Tuberkeln. Diese beraubten ihn Ende dieses Monats der Besinnung; er lag durch etwa 14 Tage bewußtlos und gab am 16. März um 4 Uhr Nachmittags den Geist auf. In den letzten Wochen hatten sich an den unteren Extremitäten auch scorbutische Flecken gezeigt."

„Am 19. März Vormittags begruben wir ihn am Lande. Sein Grab ist eine unzugängliche Felsgruft, etwa 150 Fuß hoch, dicht am Rande eines steilen Absturzes gelegen. Wir mauerten sie nach allen Seiten mit Felsblöcken zu und errichteten dann ein solides hölzernes

Kreuz, mit einer Messingtafel darüber. Die Inschrift auf demselben lautet":

„Hier ruht Otto Krisch, Maschinist der österreichischen Nordpol=Expedition, gestorben den 16. März 1874, an Bord des Admiral „Tegetthoff", 29 Jahre alt. Friede seiner Asche!"

„Ich muß dem Verstorbenen das Zeugniß ausstellen, daß er ein tüchtiger, braver Maschinist war, der seine ganzen Kräfte dem Unternehmen widmete und bis zum letzten Augenblicke in vollem Maße seine Pflicht that. Die Maschine hielt er unter den schwierigsten Umständen in tadelloser Ordnung."

„Sein Tagebuch ließ ich gleich nach seinem Tode kommissionell versiegeln und schließe es hier bei."

„Mit dem Ausdrucke herzlicher Theilnahme an dem Verluste eines so braven Sohnes, der Sie getroffen hat, zeichne ich mich achtungsvollst

Ihr

ergebenster

Carl Weyprecht m. p.

Herr Weyprecht war auch derjenige, welcher das Tagebuch seines unglücklichen Gefährten beim Verlassen des Schiffes nicht vergessen und selbes, ungeachtet ein Jeder sein kostbarstes Privateigenthum am Bord des „Tegetthoff" zurücklassen mußte, zum heiligen Andenken für seine Angehörigen gerettet hat.

Und aus diesem kostbaren Hefte, das in ungekünstelter Form den ersten Eindruck jeder bestandenen Gefahr, jedes erlebten Abenteuers, der gemachten Entdeckungen und der ganzen Lebensweise unserer wackeren Landsleute wahrheitsgetreu schildert, will ich nun meinen geneigten Lesern die interessantesten Aufzeichnungen mit der Bemerkung widmen, daß ich, um keiner der so natürlich gezeichneten Situationen und der so lebhaft geschilderten Ereignisse den Charakter ihrer Originalität zu benehmen, in diesem Auszuge die chronologische Ordnung und Journalform getreu bewahrt habe.

Triest, am 12. Dezember 1874.

Der Herausgeber.

Juni 1872.

13. Verließen wir den Hafen von Geestemünde und fuhren unter Dampf bis an die Weser=Mündung, worauf um 6 Uhr Abends die Feuer ausgelöscht und die Segel gesetzt wurden.
14. Bekamen wir die Insel Helgoland in Sicht — es ist etwas bewegte See — unsere Tiroler werden seekrank.
15. Passiren wir Helgoland, um diese Insel am
16. außer Sicht zu verlieren. Erst jetzt ist es mir gegönnt, die Schiffsbemannung zu notiren.

Selbe besteht vom Stabe:
aus den Herren: Weyprecht und Payer als Leiter, den Herren Brosch, Orel, Dr. Kepes und Maschinist Krisch als Offiziere;
von der Mannschaft:
Merkantil=Capitän Herr Lusina als Bootsmann, Pospischil als Feuermann,
Vecerina als Tischler,
Palmich, Lucinovich, Sucich, Letis, Cattarinich, Latcovich, Scarpa, Fallessich, Stiglich und Zaninovich als Matrosen,

Drasch als Koch,
Haller und Klotz als Jäger.
Die beihabenden 7 Hunde heißen:
Jubinal, Gillis, Matiuschkin, Bob, Sumbu, Novaja und Semlia.
Ueberdies sind zwei Katzen am Bord.
Vom
17. bis 27. ereignete sich nichts Bemerkenswerthes.
28. Um 8 Uhr Abends kam ein Dampfer in Sicht, der 4—5 Meilen in See vor uns stoppt; Rauch und Dampf entflieht seiner Achterluke. — Wir fallen gegen ihn ab und erkundigen uns über den Grund seines Stillstehens — erfahren, daß ein Chlinder=Deckel gesprungen sei und keine Hilfe benöthiget werde, worauf wir wieder in Kurs setzen.
29. Wir haben schlechtes Wetter, Sturzwellen gehen über Deck; Tiroler Haller ist bedeutend seekrank.
30. Das schlechte Wetter hält an; Alles wird seefest gemacht.

Juli 1872.

1. Das Wetter läßt nach und wir bekommen die norwegische Küste in Sicht.
3. Um 7½ Uhr Früh schifften wir den Lootsen ein und steuerten mit voller Dampfkraft in den Malang=Fjord.
4. Um 11 Uhr Nachts ankerten wir im Tromsöe=Sunde.
5. Früh kam die Post an Bord — Nachmittag war Aufwartung beim österr. Consul Herrn Aagart.

6. Diner bei Herrn Aagart, wo wir bis 12 Uhr Nachts blieben. Die Sonne geht nicht mehr unter so daß wir bei hellem Sonnenscheine am Bord zurückkehrten.
7. Diner bei Herrn Stiftsmann auf seiner schönen, hoch über Tromsöe im Walde gelegenen Villa.
8. Machten wir den Lappen in ihren Gammen unter dem Berge Kilpis=Jaure einen Besuch. In jeder Gamme wohnt ein Stamm, der 300—500 Stück Rennthiere im Besitze hat.

Die Hütten sind außerhalb mit Erde bedeckt und im Innern mit Rennthierfellen ausgeschlagen; in deren Mitte hängt ein Kochkessel an einer Kette. Die Bewohner sind durchgehends kleiner Statur und vom Kopfe bis zum Fuße in Rennthierfelle gekleidet, haben keinerlei Schulkenntnisse, sind meistens Heiden und glauben an den Jubinal oder Aika. Auch fanden wir eine Unzahl von Rennthierhunden in den Gammen. Da uns diese eigenthümliche Race gefiel, kauften wir ein Exemplar derselben um $2^1/_2$ Species=Thaler und gaben demselben den Namen Pekel (lappisch Teufel).

Da aber dieser neue Bordbewohner sich gleich bei seinem ersten Auftreten die allgemeine Sympathie der Matrosen erwarb, wurde derselbe sofort zum Pekelino umgetauft.

10. Besuch des Herrn Consul Aagart sammt Gemalin am Bord. Abends brach im nord=östlichen Stadt=theile ein Schadenfeuer aus, welches mehrere Wohn= und Wirthschafts=Gebäude in Asche legte. Vom

Bord wurde ein stark bemanntes Boot mit Feuer=
lösch=Requisiten auf die Brandstätte entsendet und
das Feuer nach 2½ stündiger angestrengter Arbeit
gedämpft.

11. Besichtigte ich die Stadt, deren 2 Kirchen, alle
Häuser, sowie der Concertsalon aus Holz erbaut sind.
12. Ankunft des letzten Postdampfers, den wir hier noch
abwarten können.

Ich bekam Briefe vom Vater und von meinen
Brüdern Anton und Theodor.
13. Früh wurde für uns in der katholischen Kirche eine
Messe gelesen, nach deren Beendigung bei dem
freundlichen Herrn Pfarrer ein Imbiß servirt wurde.

Sodann kaufte ich mir für mein ganzes Geld,
was ich noch besaß, ½ Eimer Wein und 40 Flaschen
Bier und ging nun, des letzten Schillings baar, an
Bord.

Im Eismeere werden wir kein Geld, wohl aber
hin und wieder einen guten Schluck Wein brauchen
können.

Um 11½ Uhr schifft sich Harpunier Carlsen ein
und um 12 Uhr Mitternachts steuern wir aus dem
Tromsöe=Sunde.
14. Nachdem wir den Fugliö=Sund verlassen, treten wir
in die offene See und es wird Curs N. O. z
N. ¼ N. gesetzt.
20. Erreichten wir den 73° nördl. Breite. Die Monats=
Portion an Zigarren, 150 Stück per Kopf wird
vertheilt.

Juli 1872.

24. Die Local=Attraktion wurde bestimmt; große Möv[en]
schwärme umkreisen das Schiff.

25. Die Hündin Novaja verendet um 8½ Uhr Fr[üh]
an Geburtswehen und wird um 10 Uhr in's kü[hle]
nasse Grab versenkt; um 7½ Uhr N. M. erblic[ken]
wir die ersten Eisschollen und begrüßen sie mit d[em]
Wunsche, es wären die letzten!

27. Gerade als wir beim Mittagstische saßen, erschal[lt]
die Stimme des Tirolers H a l l e r vom Deck: „[Ein]
Seehund ist in Sicht!"

Das Essen wurde schnell bei Seite gelegt u[nd]
Harpunier C a r l s e n ging an seine Arbeit.

Zu diesem Behufe wurde das Fangboot gestrich[en]
und zu der Eisscholle, auf welcher der Seehu[nd]
behaglich schlief, gerudert. Ein Schuß aus ein[em]
Werndl=Karabiner gab ihm das erste Willkomm[en]
dann wurde er harpunirt, an's Boot herangezog[en]
und in Schlepptau am Bord gebracht. Er w[og]
250 Pfd., hatte eine 2" dicke Thranschichte, w[urde]
abgezogen, vom Fette gut gereinigt und lieferte d[em]
Stabe und der Mannschaft für volle drei T[age]
frischen und wohlschmeckenden Braten.

Das Fell wird präparirt und aufbewahrt werd[en.]

29. Das Schiff wird an einer Flarde mit Eisanker fe[st]
gemacht und von derselben Süßwasser eingeschi[fft.]
N. M. hatten wir dichtes Schneegestöber.

30. Die Fahrt wird unter Dampf, von Eisscholl[en]
umringt, fortgesetzt und ist dies für die Maschine[n]
Handhabung ein schweres Stück Arbeit.

Um 11 Uhr V. M. bekamen wir Novaja-Semlia N. O. in Sicht und wurden um Mitternacht von leichtem Treibeise besetzt.

August 1872.

1. Wir sind noch immer vom Eise eingeschlossen.
2. Um 11¼ Uhr Nachts gehen wir unter Dampf, da das Eis lockerer geworden.
3. Wir arbeiten uns langsam heraus und sind Mittags im offenen Landwasser an der Küste von Novaja-Semlia.
4. Um 11½ Uhr V. M. liest der Commandant dem Stabe und der Mannschaft die heilige Schrift in italienischer Sprache vor.
7. Wir sind heute 1700 Seemeilen von Wien entfernt.
8. Um 4 Uhr N. M. wird unter Dampf weiter zu kommen versucht, doch schon um 8½ Uhr legt sich eine dichte Eiswand vor uns, die uns zu warten gebietet; um 10 Uhr frischt der Wind auf, das Eis theilt sich und bildet einen Kanal, den wir zur Durchfahrt benützen.
9. Die Feuer werden ausgelöscht und die Navigation durch das bald dichte, bald leichte Treibeis mit Segel fortgesetzt.
11. Wir bekommen die bucklige-, Kreutz- und Wilhelms-Insel in Sicht und laviren zwischen gut vertheiltem Eise. Das Thermometer steht um 11¾ Uhr Nachts auf 0° — wir befinden uns unter 75° 50′ nördl. Breite und 57° 20′ östl. Länge von Greenwich.

12. Um 4 Uhr N. M. bekamen wir ein Schiff in Sicht und hörten gleich darauf einen Kanonenschuß.

Vor uns lag so dichtes Eis, daß wir uns an einer Flarde verankert hatten. Leider trat plötzlich Nebel ein, der das auf einen Augenblick entdeckte Schiff unseren Blicken entzog. Wer von uns Allen ist im Stande, die Freude zu schildern, die sich unserer pochenden Herzen in dem Augenblicke bemächtigte, als wir auf kaum 4 Seemeilen Entfernung dieses Schiffes wieder gewahr wurden, welches am Heck die norwegische, am Maste aber die österr.-ung. Flagge flattern ließ! „Ach! Das kann nur der „Eisbär" mit unserem hohen Gönner, dem Grafen Wilczek am Bord sein, der sein uns gegebenes ritterliches Wort einlösen will," waren die Worte Aller! — Ein Boot stieß gerade vom „Eisbären" ab und es währte nicht lange, daß Graf Wilczek in Begleitung unseres tapferen Commodors Baron Sterneck, eine Flasche Champagner in den Lüften schwingend, unter Hurrahruf die Verdecksplatten des „Tegetthoff" betraten und zur Feier unseres glück=lichen Zusammentreffens im Eise — in unserer Gesellschaft sofort ein Glas leerten und uns ihre treuen Hände zum Gruße reichten!

Wie auf ein hehres Commando wich das Eis, das uns kurz zuvor noch belagert hatte, auseinander und wir steuerten, vom „Eisbär" gefolgt, in unserem Curse weiter.

13. Nachts wurden wir abermals von großen Eisschollen besetzt, so daß wir uns unter heftigem S. O. in

einer Entfernung von 2 Seemeilen von Novaja-Semlia am Eise verankerten.

14. War großes Diner am Bord des „Tegetthoff", an welchem unsere herzlich willkommenen Gäste unter Zuziehung des Geologen Herrn Professors Höfer und des Fotografen Herrn Burger zu unser Aller Freude theilnahmen.

15. Wurde vom Herrn Höfer in der Nähe des hölzernen „Eisbären" ein mächtiger Eisbär aus Fleisch und Blut erlegt.

16. Soeben kommt ein Schlegel des gestern geschossenen Eisbären an Bord, woraus sofort die ersten, äußerst schmackhaften Bärensteacks bereitet werden. Das Eis treibt noch lustig fort und zieht in dichten Massen gegen Norden.

Die Hunde werden vor die Schlitten gespannt und kleine Exkursionen ans Land gemacht, welche eine Ausbeute von merkwürdigen Versteinerungen, Rennthier-Geweihen, einigen Pflanzen und einer großen Menge Treibholz zur Speisung unserer Bordküche liefern.

17. Es wurde eine neuerliche Exkursion, an der ich mich auch betheiligte, gemacht; wir sahen viele Eidergänse, konnten aber, da sich diese in der Mitte der Süßwasserseen hielten, nicht zum Schusse kommen.

18. War großes Diner am Bord zur Feier des Geburtsfestes unseres geliebten Kaisers, an welchem sämmtliche Herren des „Eisbären" Theil nahmen

Herr Graf Wilczek stellte den Champagner bei, Commandant Weyprecht erhob sich und sprach mit bewegter Stimme einen Toast auf das Wohl des Kaisers, gewiß den ersten, der Höchstdemselben je im Eise gebracht wurde!

Das Menu bestand aus:
Schildkrötensuppe,
Krammetsvögel mit Mixed Picles,
Rennthierbraten mit Erdäpfel-Pierré,
Hühner-Ragout mit Schnittbohnen-Salat,
Mehlschmarn mit Pflaumen-Compot und Himbeer-Marmelade.
Zum Schlusse Käse, Butter, schwarzer Caffee und ausgezeichnete, für besondere Feste aufbewahrte Cigarren.

Bei Tische herrschte die angenehmste Stimmung und wurde der Heimat und unserer lieben Angehörigen aufs Herzlichste gedacht.

Aber nicht nur der Stab, auch die Mannschaft hatte, nebst einem besonderen Festessen, ein Bestschießen, wobei Matrose Cattarinich eine silberne Cilinderuhr, Feuermann Pospischil eine Flasche Moselwein und Jäger Haller zwei Flaschen künstlichen Wein gewannen.

21. Nachdem der Sturm etwas nachgelassen, setzten wir unter Dampf und stachen, den „Eisbären" mit dreimaligem Hurrahrufe grüßend, um 9 Uhr Früh in die aufgeregte See, fuhren mit ganzer Kraft bis $3^{3}/_{4}$ Uhr N. M., mußten aber wegen den uns dicht umringenden Eismassen die Feuer zurückschieben.

Um 6 Uhr wurden die Feuer wieder vorgeschoben und bis 12 Uhr Nachts mit voller Dampfkraft vorgedrungen, um kurz nach Mitternacht abermals von dichtem Eise besetzt zu werden. Der Tag nimmt merklich ab, so daß ich heute zum ersten Male die Maschinenräume beleuchten mußte; das Thermometer fällt auf — 3^0 R.

22. Wir sind noch immer von dichtem Eise besetzt, löschen daher um $4\frac{1}{2}$ Uhr Früh die Feuer aus und erwarten bei dichtem Schneefalle die Vertheilung des Eises.

Heute verendete eine der am Bord befindlichen Katzen an Gedärmverschlingung.

23. Es herrscht beständiger Schneefall, das Eis erleidet keine Veränderung.

Das Achterdeckhaus wird als Rauchstube eingerichtet und Caffeehaus getauft.

24. 7 Uhr Früh ist heller Sonnenschein; es werden einige Sonnenhöhen genommen und da das blendende Weiß des Schnees dem Auge wehe thut, werden die Schneebrillen zum ersten Male benützt.

Um 4 Uhr Nachmittags kömmt leichter, um $6\frac{1}{2}$ Uhr starker Schneefall, der um 9 Uhr in Schneegestöber ausartet.

In N. O. zeigt sich eine Wasserstelle, die sich allmälig vergrößert und Hoffnung zum Freiwerden gibt.

Im Laufe des heutigen Tages wurde der Flaschenwein, um selben vor dem Gefrieren zu schützen, im

Mannschaftsraume und in den Stabskabinen in eigene Verschläge verpackt und aufbewahrt.

25. Die für die Schlittenreisen erforderlichen Zelte und Schlafsäcke werden auf eine Eisflarbe geschafft, dort aufgestellt, genau untersucht, die Hunde vor die Schlitten gespannt und einige Bewegungen ausgeführt.

Heute ist Thauwetter und können wir den ersehnten Augenblick des Freiwerdens von den uns umgebenden Eismassen kaum erwarten; am Abende spielt der Commandant Zither.

Der Eindruck, den diese Musik nach so langer Entbehrung jedes harmonischen Genusses auf unser Gemüth ausübt, ist ein äußerst wohlthuender.

26. Alle leeren Kisten werden zerlegt, die Breter und Nägel sorgfältig aufbewahrt.

Wir liegen noch immer auf circa $2\frac{1}{2}$ geogr. Meilen Entfernung vom Cap Nassau dicht vom Eise besetzt und es kommen nur hin und wieder einzelne Möven in die Nähe des Schiffes geflogen, um die über Bord geworfenen Ueberreste an Fleisch d. h. jenes, welches die Hunde nicht mehr mögen, in Empfang zu nehmen. Auch die Hunde können Bewegung machen, selbe werden auf die Eisschollen ausgeschifft, wo sie sich wie die Kinder nach Herzenslust im Schnee wälzen; aber keiner treibt es so in die Länge, wie der Sumbu; denn der bleibt gleich die ganze Nacht am Eise und kömmt nur dann an Bord, wenn es Zeit zur Fütterung ist.

28. Wir haben Nebel mit zeitweiligem Sonnenschein; im Eise noch immer keine Veränderung; heute sehen wir nach 2½ Monaten den Mond zum ersten Male. Alle leeren Fleischbüchsen werden zerlegt, und das daraus gewonnene Blech und Zinn in sorgfältige Verwahrung genommen.

Um 5 Uhr Nachmittag fällt Herr Brosch bei einer Beobachtung ins Wasser, fühlt sich jedoch, nachdem er Kleider und Wäsche gewechselt, ganz wohl. Der Tag wird bedeutend kürzer, es ist 10 Uhr Abends und ich sehe kaum mehr die Zeilen, die ich gerade schreibe.

29. Die Tiroler probiren die Sprenggeschoße, indem sie auf ein an der Bordwand befestigtes Stück Bärenfleisch schießen. Die Resultate fielen glänzend aus, doch muß die Kugel auf einen Knochen auftreffen, damit sie explodire. Diese Geschoße werden bei der Eisbärenjagd ohne Zweifel mit Vortheil zu verwenden sein.

30. Wir haben Wind aus S. W., doch nicht genügend stark um uns frei zu machen; um 5 Uhr Nachmittags wird eine Grundlothung gemacht, die auf 170 Meter Tiefe schlammigen Grund zeigt. Wir treiben mit den Eismassen nach N. O. und machen täglich 1½—2 Meilen. Heute Früh erkrankte Matrose Lucinovich plötzlich an Herzkrämpfen, fühlte sich jedoch Abends etwas besser.

Commandant Weyprecht macht mit dem Theodoliten magnetische Beobachtungen. Die Mannschaft ist mit dem Schälen, Reiben und Aufbewahren der

Erdäpfeln beschäftigt, weil diese sonst erfrieren und ungenießbar werden.

Welch' öde Gegend bietet sich uns gegenwärtig dar! obgleich wir nicht weit vom Lande entfernt sind, besuchen uns Thiere dennoch äußerst selten. Es will zwar jeden Augenblick einer oder der Andere von uns einen Eisbären sehen, der in der Richtung vom Lande auf das Schiff zukömmt, doch sobald das Fernrohr zur Hand genommen wird, stellt es sich heraus, daß irgend ein Eishöcker für einen Bären angesehen wurde.

31. Wegen der sich Nachmittag in N. und N. O. auf eine Distanz von 4 Seemeilen zeigenden eisfreien Wasserstreifen wird das am Eise befindliche Beobachtungszelt, sowie der ausgebrachte Anker an Bord gebracht, das Mars- und Focksegel gesetzt und das Eis von der Schraube und dem Steuer entfernt. Das Thermometer zeigt durchschnittlich 0° R.

September 1872.

1. Das Thermometer zeigt heute Früh — 10°, im Laufe des Tages — 6°, Abends — 8.8° R. Das Wasser im Kessel ist eingefroren und die Takelage ist derart mit Eis bedeckt, daß es viel Mühe und Anstrengung kostet, um ins Krähennest zu gelangen.

Die sich an der Takelage gebildeten Eiskristalle sehen wie die schönsten Federn aus. Unweit des Schiffes wurde eine Eisbahn gefunden, auf welcher sich die Mannschaft im Schleifen übt, welches derselben nebst der Zuträglichkeit für die Gesundheit, viel Vergnügen bereitet. Um 10 Uhr Abends wird die Cajütenlampe zum ersten Male angezündet.

2. Heute wird die Cajüte zum ersten Male geheizt.

In der Nacht auf den

3. bewegten sich die Eisschollen in Folge der Springfluth heftig hin und her und verursachten ein solches Gepolter und Gekrache an den Bordwänden, daß man jeden Moment glaubte, selbe könnten zermalmt werden.

5. Um 1 Uhr Nachts kam ein Eisbär ganz in die Nähe des Schiffes und schnupperte an den außer Bord befindlichen Thranfässern. Herr Brosch war gerade auf dem Eise, um einem Hunde, der nicht an Bord zu kommen vermochte, behilflich zu sein. Beim Anblicke des Bären schrie der auf Wache befindliche Matrose, Brosch zu: Signor Capitano un orso!" (deutsch: Herr Hauptmann, ein Bär.) Auf diesen Ruf kletterte Brosch an der Bordwand auf Deck, erfaßte ein Gewehr und schoß auf den Bären. Cattarinich feuerte nach, aber Alles umsonst; der Bär wurde in der ersten Aufregung nicht getroffen und zahlte Fersengeld.

Harpunier Carlsen beschäftiget sich mit Aussieden von Thran und verbrennt die Ueberreste von Seehundsspeck, um wie er behauptet, Bären anzulocken. Nachmittags ist großes Hunde-Exerzitium mit Schlitten auf dem Eise. Ich verarbeitete einen Eisanker zur Erzeugung eines Eismeißels.

6. Ich erzeuge für den bissigen Hund Jubinal einen Beißkorb aus Eisen, indem er alle aus Tau und Leder gemachten zerreißt.

Matrose Lucinovich, der sich kaum von seinem Herzleiden etwas erholt hat, fiel heute aufs Eis und verrenkte sich den rechten Arm, der aber vom Doktor sofort glücklich eingerichtet wurde.

7. Heute werden die Schlittschuhe hervorgeholt.

Da die Bemannung meistens aus Dalmatinern besteht, die das Schlittschuhlaufen nicht kennen, unterrichte ich die Anstelligsten in dieser edlen Kunst, während Herr Payer diese zum Staunen der Uebrigen in den gewagtesten und zierlichsten Evolutionen produzirt.

9. Pelze und Kleider werden gelüftet, und Jeder bekommt eine Schlafdecke mehr.

10. Ich beschäftigte mich mit der Construction einer Sprengvorrichtung für den am morgigen Tag auszuführenden Sprengversuch, um theils die Pressung des Eises auf das Schiff zu vermindern, theils um vielleicht einigermaßen frei zu werden. Wir haben uns bereits ziemlich weit vom Lande entfernt und werden sammt den uns umgebenden Eisflarden, die sich durch den früheren Schneefall und die anhaltende tiefe Temperatur zu einem Stücke verbunden haben, nach West getrieben.

11. Der Sprengversuch hatte nicht den gewünschten Erfolg, weil die Explosion von 3 Pfund Pulver im Eise, das schon zu einer Dicke von 15' angewachsen ist, nur einige unbedeutende Sprünge öffnete.

Um 10 Uhr Abends bekamen wir zum ersten Male ein schönes Nordlicht zu sehen, das in einer Dauer von etwa 30 Minuten jeden Moment Gestalt und Farbe wechselte. Bald war es in Zickzack=Form, um gleich darauf in Bögen oder Strahlen umzuspringen. Die Farben variirten von Orangegelb in's Violette, Grüne und Dunkelrothe.

12. Es bilden sich in Entfernungen von 3—4 Seemeilen eisfreie Stellen; die Mannschaft beschäftiget sich mit Eishacken; ich erzeuge 4 Stück Blechbüchsen zum Eissprengen mit 8 Pfund Pulvergehalt. Die Temperatur variirt von — 0.3 bis + 0.7 R.

13. Es wird der Propeller gestrichen, um zu sehen, ob sich nicht etwa Eis in den Sitzen desselben gebildet habe, was auch wirklich der Fall war.

Um dieses Hinderniß zu beseitigen, wurde das Eis mit langen Hacken bei Anwendung großer Mühe aus den Lagersitzen entfernt.

Beim Kesselfüllen bemerkte ich, daß die Grund= hähne der Maschine und des Kessels eingefroren waren; weßhalb ich selbe bei gelindem Holzkohlen= Feuer aufzuthauen begann, was mir nach 2 Stunden auch gelungen war. Hierauf wurden die Kessel gefüllt und die Feuer angezündet.

5 Uhr Nachmittags arbeitete die Maschine durch eine volle Stunde mit ganzer Kraft, während die Mannschaft vorne das Eis mit Sägen in der Direction der nächsten eisfreien Stellen durchschnitt. Aber Alles war vergebens, das Schiff bewegte sich nicht von der Stelle.

14. Es wird ein zweiter Sprengversuch mit 8 Pfund Pulverladung, jedoch auch diesmal ohne erheblichen Erfolg gemacht. Um 1 Uhr Nachmittags werden die Feuer vorgeschoben und wieder mit ganzer Kraft gearbeitet, ohne jedoch glücklicher als gestern gewesen zu sein; worauf um 6 Uhr die Feuer ausgelöscht werden.

17. Ich konstruire eine Sprengmine aus starkem Eisenblech, da die aus Fleischbüchsenblech erzeugten vor der gänzlichen Verbrennung der Pulverladung bersten; Beweis dessen, daß bei den früheren Sprengversuchen ein beträchtlicher Theil unverbrannten Pulvers auf den Eisschollen zerstreut herumlag.

19. Es werden 2 Zelte, eines für 10, das andere für 6 Mann am Eise zu dem Behufe aufgeschlagen, um zu ermitteln, welche Kleidung bei Schlittenreisen die zweckdienlichste wäre. Die Kälte nimmt von Tag zu Tag zu, denn das Thermometer zeigte gestern Nachts bereits — 18^0 R. Die Wasserleitungsrohre in der Maschine mußten mit Stroh eingehüllt werden, indem das darin angesammelte Wasser zu Eis wurde und man Gefahr lief, daß selbe zerspringen.

Heute Nachts hatte die äußere Luft eine Temperatur von — 14^0 R., während unter den aufgeschlagenen Zelten nur — 5^0 R. abgelesen wurden.

20. Um $5\frac{1}{2}$ Uhr Nachmittags war die erste Nebensonne sichtbar. Herr Payer feierte seinen 30. Geburtstag und widmete 4 Flaschen guten Weines, mit denen wir auf sein Wohl tranken.

22. Das Eis bekömmt durch den anhaltenden starken S. S. W. Wind in der Umgebung des Schiffes mehrere große Spalten, weßhalb die auf der Scholle befindlichen Zelte und Schlitten schnell am Bord gebracht werden; man vermuthet in's Treiben zu gerathen. Commandant Weyprecht schoß heute ein Prachtexemplar einer Bürgermeister=Möve für die zoologische Sammlung; deren Fleisch wird den Hunden gegeben.

23. Zwei Schnee=Zeisige kommen in die Nähe des Schiffes. Die sich gestern gezeigten Spalten im Eisen schließen sich zu unserem Bedauern heute wieder. Die Sonne geht bereits um 6 Uhr Abends unter.

24. Früh zeigte sich eine schöne Nebensonne und erhält sich auf etwa eine Stunde. Die Mannschaft ist mit der Fütterung von Samojeden=Schuhen mit Flanell zur Bekleidung bei Schlittenreisen beschäftiget. Die Gegend ist sehr öde geworden, da man bei dem anhaltenden Schneegestöber kein lebendes Wesen in der Umgebung des Schiffes erblickt; sogar die Möve, bisher unser täglicher Gast, hat uns verlassen.

27. Die Mannschaft befreit das Deck von Schnee und Eis. Herr Payer macht eine Schlittenfahrt in die Eisfelder, um einige Skizzen von Eisgruppen zu zeichnen.

28. Ein Postament aus Eis=Quadern für Beobachtungen wird gebaut. In Folge der anhaltenden starken Kälte ($-17°$ R.) barst ein Lagerdeckel des Luft=pumpen=Balanciers und wird sofort in Reparatur genommen.

29. Sonntag. Religiöse Uebung. Nachmittags Mannschaftsruhe, wobei sich die Matrosen mit Singen und Harmonika-Spielen unterhalten. Die Tiroler bahnen eine Strecke Weges von einer Seemeile, um mit dem Hundeschlitten leichter durchzukommen.

Oktober 1872.

1. Starkes Thauwetter bei $+ 1\frac{1}{2}$ ° R.; es bilden sich Spalten im Eise, die sich allmälig zu Seen von ziemlichem Umfange erweitern.
2. Es werden Blechbüchsen mit Pulver gefüllt, verlöthet und in den Rettungsbooten aufbewahrt, um dieselben im Nothfalle gleich bei der Hand zu haben.
3. In der sich Achter gebildeten Wacke passirten 5 Weißfische und zeigte sich ein Seehund, kam jedoch nicht zum Schusse. Abends 9 Uhr waren im Osten einige Blitze sichtbar. Heute wurde das letzte am Bord befindliche Kätzchen zum großen Leidwesen der Mannschaft vom Hunde Gillis todtgebissen. Tiroler K l o tz, ob dieser grausamen That fast zu Thränen gerührt, applicirte Gillis eine tüchtige Tracht Prügel.
4. Zu Ehren des Namensfestes S. M. unseres Kaisers wurde ein Bestschießen für Stab und Mannschaft veranstaltet. Vom Stabe gewannen die Herren P a y e r den ersten, B r o s c h den zweiten und W e y p r e c h t den dritten Preis, bestehend aus Wein und feinen Cigarren.

Von der Mannschaft blieben bei gleichen Preisen die beiden Tiroler und Matrose C a t t a r i n i ch die

Sieger. Zu dieser Feierlichkeit wurde auch die von den Polaer Damen gespendete schöne seidene Flagge am Großmaste gehißt.

5. Die Wacke Achter breitet sich immer mehr aus und wird das Eis bis dahin mit Sägen und Aexten zu durchbrechen versucht. Leider springt um 6 Uhr Abends ein Sturm aus S. W. auf und müssen die dadurch gefährlich werdenden Arbeiten am Eise eingestellt werden. Heute hat sich endlich wieder einmal eine Möve sehen lassen.

6. Um 11½ Uhr Vormittags kam ein Polar-Fuchs in die Nähe des Schiffes, konnte aber leider nicht erlegt werden. Es war ein schönes Thier. Seine Farbe verlief vom Kopfe, der schneeweiß war, in's Graue, während die Ruthe eine stahlgraue Farbe spielte. Um 3 Uhr Nachmittags begab ich mich auf Deck und entdeckte auf circa 150 Schritte Backbord des Schiffes einen Eisbären, wovon ich die noch in der Cajüte bei Tische sitzenden Herren sogleich avisirte. Jeder bewaffnete sich mit einem Gewehre und verbarg sich hinter der Bordwand. Aber auch Freund Petz that ein Gleiches hinter einer Eisscholle, die ihn unseren Blicken auf eine in diesem Momente recht unerwünschte Weise entzog. Da er durchaus nicht hervor wollte, unsere Ungeduld aber auf's Höchste stieg, erkletterte ich den Kreuzmast, um nach unserem Gaste auszuspähen und von wo aus ich bemerkte, daß derselbe Anstalten traf, uns durch die Eisscholle gedeckt, Adieu zu sagen. Sogleich wurde beschlossen, eine Jagd zu arrangiren und ohne Säumen

verließen wir das Schiff. Die vorliegende Eisscholle nun auch ein wenig zu unseren Gunsten benützend, suchten wir uns unserem Freunde unbemerkt zu nähern, was auch vollkommen gelang. Zuerst schoß Herr Payer, in den Rückgrat mit einer Explosions= kugel treffend, so daß der Bär Anfangs zusammen= brach, sich jedoch wieder erhob und die nächstgelegene Wacke zu erreichen versuchte. Aber 6 weitere Schüsse vereitelten diesen verzweifelten Rettungsversuch und die mittlerweile herbeigeeilte Mannschaft schleppte dieses etwa 7 Schuh lange und 5 Zentner schwere männliche Exemplar an Bord. Bei Oeffnung des Magens zeigte sich aber nicht ein Atom von Nahrung in demselben; sogar die Gedärme waren schlaff und leer und mußte das arme Thier schon seit geraumer Zeit gehungert haben. Da wir schon lange kein frisches Fleisch zu Munde geführt hatten, wurde mit dem Abziehen des Felles und der Zertheilung des Fleisches behufs Gewinnung der so delikaten Bärensteacks durchaus nicht gezögert.

7. Die Temperatur sinkt wieder auf — 7^0 R. und die Achter des Schiffes befindliche Wacke schließt sich gänzlich, so daß bei der fortschreitenden Jahreszeit fast mit Gewißheit angenommen werden muß, daß wir einen Winterhafen nicht mehr zu erreichen im Stande — und demzufolge gezwungen sein werden, an dieser Scholle überwintern zu müssen. Auf diesen traurigen Beschluß hin werden die täglichen Arbeiten des Eisaufhackens um das Schiff herum eingestellt.

8. Es wird mit dem Baue eines 16′ langen und 12′ breiten Observationshauses aus gesägten Eisquadern begonnen, welche mit genäßtem Schnee aneinander gekittet werden sollen.
9. Auch die Construktion eines mechanischen Windmessers wird in Angriff genommen.
13. Um 8½ Uhr Früh bekam unsere Scholle Achter, Steuerbord einen Sprung, worauf das Eis von N. O. gegen das Schiff zu treiben und der Sprung sich immer mehr zu erweitern begann. Es wurde versucht die einzelnen Schollen mittelst Eisanker festzuhalten, doch vergebens!

Ungeachtet der das Schiff bedrohenden Gefahr wird, da es Sonntag ist, vom Commandanten doch die Bibel vorgelesen, aber um 12¼ Uhr beginnt das Eis abermals zu treiben und kömmt hart an das Schiff heran. Hiedurch entsteht auf die Steuerbord befindliche Scholle eine derartige Pressung, daß diese gänzlich zermalmt gegen den Schiffskörper und das Steuer gedrängt, beide zu erdrücken droht und sich das Schiff unter markerschütterndem Gekrache und Gestöhne in allen seinen Theilen — auf Backbord legt.

Angesichts dieser schreckenerregenden Gefahr erscholl das Commando, alles zur Rettung der Equipage Nöthige vorzubereiten. Lebensmittel, Pelzkleider, Zelte, Schlitten, Schlafsäcke ꝛc. wurden an die Bordwände gestaut, um im Nothfalle auf's Eis hinausgeworfen werden zu können. Im Verlaufe der Zeit zog ein Jeder seinen Pelz an und harrte der Dinge, die da kommen sollten. Gegen 2 Uhr N. M. ließen die Pressungen nach und das Schiff begann sich wieder etwas horizontal zu legen; nur hin und wieder verspürte man noch einzelne Stöße. Um 10 Uhr Abends legten sich die Wachfreien, auf ausdrücklichen Befehl, jedoch in ihre Pelze gehüllt, zu Bette; doch war in Folge der bestandenen Aufregung ungeachtet unserer totalen physischen Ermüdung kein Einziger im Stande, auch nur auf einen Augenblick den so nothwendigen Schlaf zu gewinnen.

14. Wir sind noch immer in Pelze gekleidet und bereiten für den Nothfall Alles, was gestern in der überstürzten Eile am Bord vergessen worden wäre, zur Rettung vor. Wir untersuchen das Schiff, wobei sich zeigte, daß dasselbe ungeachtet der starken Pressung nicht im mindesten gelitten habe.

Während des Tages blieb das Eis in Ruhe, gegen 8 Uhr Abends aber verspürten wir neuerliche Stöße gegen die Bordwände, so daß Jeder den erflossenen Befehlen gemäß und nach den ihm laut Rolle zugewiesenen Obliegenheiten, mit den betreffenden Utensilien sich versehend, in einem Zeitraume von 2 Minuten vollkommen klar auf Deck erschien. Es schlägt 9 Uhr, das Eis scheint heute Nachts ruhig bleiben zu wollen, nur der Wind braust im Takelwerke.

15. 7½ Uhr kam eine abermalige, ½ Stunde währende, gegen Backbord gerichtete Pressung vor, die aber jener von vorgestern an Stärke weit nachstand.

Wir wünschen uns eine sehr niedrige Temperatur, die das lose, um unser Schiff herumliegende Eis binden würde. Indessen dauert der Bereitschafts=
zustand fort. Das Tageslicht nimmt bedeutend ab, so daß heute schon um 4 Uhr die Cajütenlampe angezündet werden mußte.

16. Von 4½ bis 9½ Uhr Früh erlitt das Schiff sehr starke Pressungen. Das im Baue begriffene Eis=
haus wurde zertrümmert und Eisblöcke in allen Größen umringen und bedrängen das Schiff, wodurch dasselbe eine Neigung nach Vorne und Backbord bekam und sich Achter um 2 Fuß gehoben hat. Wir sind in unsere Pelze gehüllt, immer zur Ausschiffung bereit.

Dieses Eisschieben ist abgesehen von der Gefahr, die es unserem Schiffe bringt, eine Erscheinung, die ich mir bei Weitem nicht so grauenerregend und auf die Nerven so unangenehm einwirkend vorstellte; denn der Anblick der wuchtigen, in durch= und über=
einander stürzenden Eisblöcke entzieht sich jeder Vor=
stellung des Laien und fördert Töne zu Tage, wie ich sie mir schauerlicher und markerschütternder nicht denken konnte.

17. Der Wind geht nach N. W. um und bewirkt bei Schneefall eine Temperatur von — 10° R. Im Eise scheint Ruhe werden zu wollen; denn man verspürt nur einzelne leise Stöße. Leider scheint das Schiff durch die großen Pressungen gelitten zu haben, weil es heute Nachts mehr Wasser als gewöhnlich machte. —

Die Hündin Semlia bekam ein Söhnchen.

18. Das Thermometer zeigt bei heiterem Himmel Abends — 23° R. Da durch diese starke Kälte das Eis fester zusammenfriert, kam das Schiff in Ruhe und der Leck hat sich Gott Lob auch verlegt, da das Wasser im Soodraume nicht mehr steigt. In Folge dieser günstigen und beruhigenden Umstände haben wir den Bereitschaftszustand aufgegeben. Das gestern zur Welt gekommene Hündchen wurde heute Früh bei seiner Mutter in ganz erstarrtem Zustande todt vorgefunden.

19. Die Raaen werden auf Deck gebracht, Lebensmittel, Samojedenschuhe und Filzstiefel an die Mannschaft ausgetheilt.

21. Um 2 Uhr Nachts wurden wir durch neuerliche Bewegungen im Eise aus dem Schlafe gestört, kleideten uns wieder in unsere Pelze und durchwachten den Rest dieser fürchterlichen Nacht. Die Bewegung des Eises währte den Tag hindurch und hörte man zeitweise heftige Schläge, gleich Pistolenschüssen im Schiffe erdröhnen, welche in dem Umstande ihren Grund haben, daß sich die eisernen Schiffsbolzen bei der niedrigen Temperatur schneller als das Holz zusammenziehen. Um 4½ Uhr bricht in Folge der auf — 25° R. gesunkenen Temperatur die Axe der Soodpumpe in der Kurbel wie Glas entzwei.

22. Die Eisbewegung dauert fort, doch mit geringerer Heftigkeit. Die Sonne ging um 9½ Uhr Früh auf, um jedoch schon um 1 Uhr 15 Minuten unter=

zugehen. Heute wurde ein Zelt probeweise auf einer Scholle aufgeschlagen und unter demselben in einer mit Alkohol geheizten, für Schlittenreisen bestimmten Blechmaschine eine Pemmikansuppe gekocht. Die Temperatur unter dem Zelte war — 15° R.

Ich bin mit der Reparatur der Soodpumpe beschäftigt.

23. Heute N. M. kam ein weißer Fuchs in die Nähe des Schiffes, wurde aber leider durch das Hundegebell vorzeitig verscheucht. Nur großer Hunger konnte dieses Thier angelockt haben, denn wir befinden uns bereits auf eine Entfernung von beiläufig 50 Seemeilen von Novaja-Semlja. Abends werden Fuchsfallen gelegt.

25. 9 Uhr Abends wurde der Zustand des Eises immer bedenklicher, die Schollen fangen wieder an, auf das Schiff zu drücken, die Pressungen werden immer stärker, so daß wir abermals in großer Gefahr schweben, zerdrückt zu werden.

26. Die Pressungen währten die ganze Nacht hindurch; um 2 Uhr Früh wurden 150 Stück Briquett-Kohle (à 47—50 Pfd.), 50 Stück Breter und 3 Boote auf das Eis geschafft. Es war dies eine peinvolle Nacht, denn kein Mensch am Schiffe hatte auch nur eine Minute geschlafen. Endlich um 8 Uhr Früh wurde es etwas ruhiger, so daß wir uns zu Bette legen und von den erlittenen Strapazen ausruhen konnten. Das Schiff hatte sich diesmal gegen Achter gesetzt, so daß uns wenig auf unsere normale Tauchung fehlt.

28. Die Sonne erschien heute Mittags nur mit einem kleinen Theile ihrer Scheibe über dem Horizont, um bereits nach einer halben Stunde auf 108 Tage unseren Blicken zu entschwinden. Das Oberlicht der Cajüte wurde eingedeckt und nun beginnt die ewige Nacht; denn die Lampen werden von jetzt an während des ganzen Tages brennend erhalten. In der Ferne hört man das Eis stöhnen. Es werden weiters Kohlen auf's Eis geschafft, um daraus ein 15′ langes und 12′ breites Haus für den Fall unserer Obdachlosigkeit zu erbauen und Brennmateriale zu haben. Die Lebensmittel liegen auf Deck bereit.

29. Das Kohlenhaus ist bald fertig und werden dessen Außenwände mit Schnee angeworfen. 10 Uhr Abends ist sternheller Himmel mit zahlreichen prachtvollen Nordlichtern, bei welcher Beleuchtung man größeren Druck bequem lesen kann.

30. Um 3 Uhr Nachts fing das Eis wieder zu brechen an und dauern die Bewegungen den ganzen Tag fort.

Die Scholle, auf welcher unser Kohlenhaus steht, ist an mehreren Stellen zersplittert, ohne daß das Haus selbst Schaden gelitten hätte.

In einem in der Nähe des Schiffes sich gebildeten Risse wurde ein Taucher sichtbar und vom Harpunier C a r l s e n erlegt.

Heute Nachts hat Herr O r e l auf seiner Wache einen Meteorfall beobachtet.

31. Wir haben eine Temperatur von — 21⁰ R. und setzen Petroleum und Salzsäure Erfrierungsversuchen aus; Petroleum wurde bei — 19⁰ dickflüssig und bei — 21⁰ so fest wie gestocktes Schweinschmalz, während die Salzsäure unverändert bleibt.

November 1872.

1. Wir haben bereits eine mittlere Temperatur von — 19⁰ R. Die Axe der Soodpumpe brach heute abermals ab; in Folge der anhaltenden Kälte ist Alles, was aus Eisen, so spröde, das es beim geringsten Drucke bricht.
2. Im Eise herrscht vollkommene Ruhe, Abends sind prachtvolle Nordlichter über das ganze Firmament sichtbar.

   Ich reparire die Soodpumpe.
3. Ich fühle Brustschmerzen und ließ mich von Dr. Kepes untersuchen, welcher eine Vergrößerung der Milz konstatirte, die von meinem früheren Fieberleiden in Pola herrühren mag.
4. Um das Schiff herum wird eine Eismauer aufgeführt.
7. In der Nähe des Schiffes wird ein Loch in's Eis gehackt, um bei einer etwaigen Feuersbrunst Wasser bei der Hand zu haben.
8. Herr Payer erkrankt an Fieber und muß das Bett hüten. Bei der anhaltenden starken Kälte und des herrschenden steifen S. S. O. Windes wegen kommen unsere Hunde aus ihren Hütten gar nicht mehr heraus, schlafen Tag und Nacht ununterbrochen fort

und sind sogar zur Fütterung aus ihren Schlaf=
stellen sehr schwer herauszubringen, wobei sich die=
selben unzufrieden und mürrisch zeigen. Die seit
dem Verschwinden der Sonne anhaltende Finsterniß
mag wohl viel zu ihrer Gemüthsstimmung bei=
tragen.

Ich reparire die Uhr im Mannschaftsraum, deren
Feder beim Aufziehen gerissen ist.

9. Tiroler Haller erkrankte heute an Gelenks=Rheuma=
tismus; Herr Payer befindet sich besser. Heute
war ein ziemlich heller Mittag, so daß erst um
2½ Uhr N. M. die Sterne sichtbar wurden.

10. Heute wurde ein Gefäß mit Erde gefüllt, um Peter=
silie, Kresse, Salat, Kohl und Rettich anzubauen.
Gelingt der Versuch, so wird ein größerer Kasten
gefüllt werden, um für die Suppe etwas Grünes
zu haben.

Das Kohlenhaus am Eise wird mit Bretern
eingedeckt.

11. Die Rohrleitung des Achterofens wird insoferne
abgeändert, daß die Rauchröhre statt durch das
Instrumenten=Depot, nunmehr durch die Cajüte ge=
leitet wird.

12. Heute wird im Kohlenhause die Wäsche für den
Stab gewaschen. Tiroler Haller ist am Wege
der Besserung.

13. Die gestern im Rettungshause gewaschene Stabs=
wäsche wird beim Feuer getrocknet, ist jedoch durch
den vom Steinkohlenfeuer entwickelten Rauch schwärzer
geworden, als sie es vor dem Waschen war.

15. Heute wurde in einer eigens zu diesem Zwecke vorne hergerichteten Cabine zu baden begonnen, so daß täglich Einer dieses wahren Genusses theilhaftig wird.

Ich erzeuge einen Ofen aus Weißblech für dieses Lokale, der auch zum Wäschetrocknen dienen soll.

Heute Abends haben wir bei Vollmond eine so starke Beleuchtung der Gegend, daß sogar die einzelnen Eisschollen Schatten werfen.

16. Heute haben wir bereits — 26° R. bei ziemlichem Frostdampfe. Die Petroleumlampe im Maschinenraume verlöschte, da das Petroleum darin gefror.

19. Das Eis bewegt sich schon den ganzen Tag um das Schiff herum und bilden sich zahlreiche Sprünge, des Nachts wurde die Bemannung alarmirt und alles zur Rettung Erforderliche bereit gelegt; wir schliefen keine Minute. Das Eis, auf dem wir noch gestern ganz fröhlich Schlittschuhe liefen, wurde gänzlich zertrümmert und liegt in großen Haufen aufgeschichtet vor dem Schiffe.

20. Das Eis war wieder die ganze Nacht und den ganzen Tag rings um das Schiff herum in steter Bewegung, demnach auch heute bei fortwährender Bereitschaft keine Rede von einer Ruhe war.

In der Nacht vom 20. auf den

21. hatte sich das Eis vor dem Bug des Schiffes auf 14 Fuß Höhe aufgethürmt, wodurch der Klüverbaum in Gefahr kam abgebrochen zu werden. Um dies zu verhüten, mußte die Mannschaft das in Bewegung befindliche Eis erklimmen und selbes mit

Eishacken zerschlagen. Es war dies eine Arbeit, die bei der enormen Anstrengung ebenso gefährlich war, weil man bei der herrschenden Finsterniß keinen sicheren Tritt thun konnte. Nicht minder grauenhaft war der Anblick unserer Umgebung. Flarden bis zu 5 Fuß Dicke zertrümmerten, oder schoben sich in wilder Unordnung übereinander, so daß sich unseren Augen plötzlich ganze Berge und Thäler boten.

25. Heute ist der Ofen für das Badezimmer und für den Fall, als wir das Schiff verlassen müßten, fertig geworden, wurde im Kohlenhause probirt, und hat sich als sehr brauchbar erwiesen. Heute Mittag war sogar ein Nordlicht sichtbar und zeigte deutlich Regenbogenfarben.

27. Endlich herrscht wieder vollkommene Ruhe im Eise. Täglich um 5 Uhr Nachmittags wird die Mannschaft auf das Eis geschickt, um Bewegung zu machen, wobei dieselbe bester Laune die verschiedensten Spiele aufführt. Auch die Hunde werden vor die Schlitten gespannt und auf einem eigens gebahnten Wege durch eine Stunde tüchtig herumgetummelt.

28. Matrose Cattarinich wird an einer Neubildung am Ohre operirt.

Die Mannschaft besohlt mit Tauwerk ihre Filz- und Segeltuchstiefel und ist es wirklich staunenerregend, welche Fertigkeit die Leute in diesen Arbeiten bereits gewonnen haben. Es ist wahrlich ein schöner Anblick, wenn man in die hell erleuchtete

Mannschafts-Cajüte tritt, die mehr einer größeren Schusterwerkstätte gleicht und Jeden eifrig und frohen Muthes bei seiner Arbeit sieht.

29. Heute wird aus einem Eisblocke ein Würfel von 16 Centimeter Seitenlänge gemetzt, abgewogen und in einen eigens dazu erzeugten, durchlöcherten Blechkasten zu dem Zwecke gehängt, um zu konstatiren, wie viel das Eis in einem bestimmten Zeitraume an Gewicht verliert.

30. Für die Mannschaft wird künstlicher Wein erzeugt.

Dezember 1872.

1. Wir haben bereits — 25.6° R.; es sind unzählige Nordlichter am Himmel sichtbar.
2. Ich mußte sämmtliche Oellampen zu Petroleumbrennern umstalten, da das Oel bei der gegenwärtigen Temperatur augenblicklich stockt, ja sogar das Petroleum breiartig wird.
4. Matrose Lucinovich erkrankte abermals an seinem Herzleiden, Cattarinich befindet sich auf dem Wege der Besserung.
5. Heute wurde der große Cajütengarten in Stand gesetzt und habe ich das Gärtnergeschäft mit dem Anbaue von Salat und Kresse übernommen, wobei ich den Herren das Versprechen gab, zu den Weihnachtsfeiertagen einen grünen Salat zu liefern.

Zur Anfeuchtung des Bodens erzeugte ich aus den Bestandtheilen einer Fleischbüchse eine Gießkanne.

6. Die Mannschaft feiert heute das Fest des heil. Nikolaus, Patrons der Seefahrer.

Die heutigen magnetischen Beobachtungen mußten während des anhaltenden starken Nordlichtes eingestellt werden, indem letzteres die Magnetnadel zu sehr beunruhigte.

7. Ich nahm am magnetischen Theodoliten eine Abänderung vor, die sich zweckmäßig erwies.
8. Commandant Weyprecht arbeitet seit 4. d. M. über den ganzen Tag in dem am Eise für magnetische Beobachtungen eigens aufgestellten Zelte und sitzt heute 9 Uhr Abends noch an seinem Theodoliten. Salat und Kresse fangen bereits zu keimen an.
9. Nebst zahlreichen sehr intensiven Nordlichtern wurden um 5 Uhr Nachmittags Nebenmonde sichtbar.
11. Heute um 8¼ Uhr Abends kommt ein Eisbär unter Bord, den ich diesmal zu erlegen die Ehre hatte. Es ist dies ein sehr schweres Schießen, da die Dunkelheit nicht gestattet, das Wild aufs Korn zu nehmen.
12. Heute Früh verendete der seit gestern erkrankte Hund Bob an Altersschwäche und wurde Nachmittags im Eise zur Ruhe bestattet.
14. Der Salat im Cajütengarten muß schon heute geschnitten werden, da er bereits zu welken anfängt und wird zu Mittag zu frischem Bärenbraten verspeist.
16. Das Kohlenhaus wird in seinen Fugen mit angefeuchtetem Schnee dicht gemacht, auf daß Wind und

Kälte nicht einzudringen vermögen. Zum neuen Jahre wollen wir darin ein großes Fest feiern.

18. Abends kommt ein Polarfuchs in die Nähe des Schiffes, wurde aber leider durch die zwei Lappenhunde Sumbu und Pekelino vertrieben.

19. Matrose **Palmich** fing Abends im Feuerloche des Kohlenhauses 3 Stück kleine, krebsartige Thierchen, welche der zoologischen Sammlung überantwortet wurden.

20. Heute haben wir einen Unglückstag zu verzeichnen. Um 12½ Uhr Mittags brach das Eis gerade diagonal unter dem Kohlenhause und erweiterte sich der Sprung so stark, daß das Haus sofort abgetragen und Kohlen, Breter, sowie das übrige Materiale auf Schlitten geladen und in die Nähe des Schiffes gebracht werden mußten.

Zur größeren Sicherheit wird auch das Zelt für magnetische Beobachtungen abgebrochen und sammt den Instrumenten an Bord geschafft.

Herr **Orel** macht Barometervergleiche am Eise.

21. Heute ist Sonnenwende, sonach eine Hälfte der Polarnacht vorüber.

Um 9 Uhr Früh ging Harpunier **Carlsen** in das Achterhäuschen, nahm eines der dort hängenden Gewehre ab und lud dasselbe darin. Unvorsichtigerweise ging das Gewehr los und traf die Kugel den in der Nähe befindlichen, mit etwa 500 Stück Patronen gefüllten, hölzernen Kasten, in Folge dessen die Patronen sofort zu explodiren begannen. Commandant **Weyprecht** und ich stürzten aus der Cajüte ins Häuschen und rissen die Patronen-Packete so schnell als möglich aus dem Kasten, heraus, wodurch fast die ganze Munition gerettet, und glücklicherweise keiner von uns Beiden verwundet wurde.

22. Die Leute arbeiten an Pechfackeln für die Neujahrsfeier.

23. Der Himmel ist bei starkem Schneefalle ganz bedeckt und herrscht vollkommene Finsterniß bei Tag und Nacht.

Die Kisten mit Weihnachtsgeschenken für das heurige Jahr, u. z. sowohl die von der k. k. Kriegs-Marine, als jene von dem Proviantlieferanten Herrn Richers aus Hamburg gespendeten, werden aus dem Laderaume geholt und in die Cajüte geschafft.

24. Um 1 Uhr Nachmittags gerieth das Eis in nächster Nähe des Schiffes in Bewegung und drohte uns den heiligen Abend zu verderben; doch währte es nicht lange, denn um 3 Uhr Nachmittags wurde wieder Alles ruhig. Um 6 Uhr Abends wurde die Kiste des Herrn Richers geöffnet, worin sich befanden:

Ein humoristisches Buch in plattdeutscher Sprache „Swinegel", zwei Flaschen Champagner, eine Torte, zwei Büchsen mit Zuckerwerk, sechs Flaschen Cognac, sechs kleine Figuren aus Porzellan, Mädchen vorstellend, Richers' Fotografie und die eines Christbaumes, 24 Stück kleine Wachskerzen und 100 Stück feine Zigarren.

Um 7 Uhr wurde soupirt und bestand das Menu aus:

Schildkrötensuppe,

Stockfisch,

Häringen,

Sardellen,

einem ausgezeichneten, von Herrn Orel erzeugten Aepfelstrudel,

frischem und gedörrtem Obste,

nebst mehreren Flaschen guten Weines.

Beim Champagner brachte der Commandant einen Toast auf alle unsere lieben Angehörigen in der Heimat aus, worauf unter heiterem Gespräche an das Oeffnen und Auspacken der von der k. k. Kriegs=Marine gewidmeten Kiste geschritten wurde. Es war darin für einen jeden an Bord ein kleines Geschenk, und diese Geschenke in eine Blechbüchse mit Kommißtabak verpackt, was gewiß sehr praktisch war, weil die Leute dieses edle Kraut jedem ande=ren, an Bord befindlichen Tabake bedeutend vor=ziehen. Ganz eigenthümlich wirkte der Umstand, daß die einzelnen Geschenke sowohl in Richers' als auch in der Kiste, welche die k. k. Marine ge=schenkt hatte, in Münchner Bilderbögen gepackt waren und das Keiner der Geber den Geschenken Spielkarten beizulegen vergaß. Um 12 Uhr Nachts gingen wir in gerührter Stimmung zu Bette.

26. Stefani=Tag; die Mannschaft spielt Tombola und waren eine silberne Uhr, eine Meerschaumpfeife und ein Meerschaumspitz als Preise ausgesetzt, welche

zu gewinnen die Matrosen Palmich, Becerina und Pospischil das Glück hatten.

31. Wir haben seit gestern starkes Schneetreiben und herrscht eine solche Finsterniß, daß man die Personen auf Deck um Mittag auf 3—4 Schritte Distanz nicht zu erkennen vermag. Nachmittag werden Vorbereitungen für den Sylvesterabend getroffen. Herr Orel macht diesmal einen Birnenstrudel. Um 7½ Uhr begann das Mahl, wurde aber leider dadurch gestört, daß um 9 Uhr das Eis in Bewegung gerieth und das Schiff in seinen Fugen zu krachen anfing. Zu allgemeiner Zufriedenheit dauerte dieses schauerliche Intermezzo jedoch nicht lange, so daß wir uns gegen 10 Uhr wieder zu Tische setzen und unserer Lieben in der Heimat ungestört gedenken konnten.

Vor 12 Uhr wurde der zum Abkühlen auf Deck gestellte Champagner als ein Eisklumpen heruntergebracht; derselbe wurde mit dem Messer zerbrochen und im festgefrorenem Zustande in die Gläser gefüllt; worauf Jeder bemüht war, den Wein durch die Wärme der Hände aufzuthauen.

Als es 12 Uhr Mitternacht schlug, standen wir von unseren Sitzen auf und begrüßten mit dreimaligem Hurrah! das neue Jahr; sodann wurde bei Fackelbeleuchtung und von der Mannschaft ausgeführter, nicht besonders harmonischer Musik — um das Schiff herum ein Umzug gehalten und das Jahr 1872 in Gestalt einer Fotografie und eines Zwiebackbrodes, welche in eine Blechbüchse gelegt wurden, in's Wasser versenkt. Zum Schlusse wurden die Tische abgeräumt und alle Hunde mit den Speiseresten traktirt. Sumbu erhielt zum Lohne seines im eben verflossenen Jahre an den Tag gelegten, besonderen Wohlverhaltens überdies ein Glas Wein.

Jänner 1873.

1. Heute wird vor 12 Uhr Mittags nicht aus den Betten gegangen — wir haben — 26° R. bei düsterem, höchst unfreundlichem Wetter.
3. Wir hatten Früh bei — 31.2° R. ziemlich starke Dämmerung und von 10—2 Uhr Nachmittags starke Eispressungen, in Folge welcher das Schiff in allen seinen Räumen in recht unheimlicher Weise krachte und stöhnte.
7. Matrose Fallesich bekömmt plötzlich heftige Magenkrämpfe und wird der ärztlichen Behandlung übergeben.
9. Wir sind bereits auf — 34.2° R. angelangt. Zur Probe wurden auch heute Quecksilber, Petroleum, konzentrirte Salzsäure und Terpentinöl dem Erfrieren ausgesetzt. Nach einer Stunde war das Quecksilber fest gefroren und glich ausgegossenem und erkaltetem Bleie, Petroleum war gallertartig verdickt, weichem Schweinefette ähnlich. Die Salzsäure und das Terpentinöl blieben auch bei dieser Temperatur vollkommen flüssig.
10. Von 9 Uhr Früh bis 2 Uhr Nachmittags war starke Dämmerung von Süden. Heute beginnt die Mannschaftsschule.

11. Die Temperatur stieg heute bis auf — 16° R. und kömmt das Eis in Bewegung; das Schiff erleidet mehrere starke Stöße und ächzt in seinen Fugen.
12. Um 5 Uhr Abends kam ein Bär ganz nahe unter das Schiff und wurde vom Herrn Orel gleich auf den ersten Schuß tüchtig getroffen; worauf sich derselbe noch eine Strecke fortschleppte, dann aber unter fürchterlichem Gebrülle zusammenstürzte und die Tatzen in die Luft emporstreckte.

Es war dies ein schönes Exemplar von 7½' Länge, Männchen, von circa 6½ Centner Gewicht, mit kurzem, aber sehr dichtem Haare. In seinem Magen fanden sich Ueberreste eines Seehundes vor.
14. Das heute bei — 34½° R. dem Erfrieren ausgesetzte Quecksilber wurde steinhart und ließ sich nicht einmal mit einer Messerspitze in Stücke schlagen.
15. Im Norden hört man starkes Eisschieben. Ich bekam in Folge Verkühlung einen Blasenkrampf und muß für einige Tage das Bett hüten.
19. Heute Mittags ist starke Dämmerung, Alles thut sich auf die Beine, um einen großen Spaziergang zu machen.
20. Tiroler Klotz erkrankt an Brust=, Matrose Fallesich abermals an Magenkrämpfen.
21. Bei dem gestern erkrankten Matrosen Fallesich zeigte sich heute der Mundskorbut und werden zur Verhütung der Ausbreitung dieser Krankheit der Mannschaft bis auf Weiteres täglich eine Ration Wein, comprimirtes Gemüse, Obst und Limoniensaft verabreicht werden.

22. Bereits um 8 Uhr Früh begann das Eis in N. und N. O. sich in Bewegung zu setzen und erleidet das Schiff mehrere so heftige Stöße, daß es in allen seinen Theilen erzittert und man glauben muß, daß es jeden Moment zerdrückt werde.

Das Eis kommt mit einer rasenden Geschwindigkeit und unter fürchterlichem Getöse daher. Doch wie auf ein hehres Commando bleibt dasselbe etwa 5 Klafter vom Heck des Schiffes stehen und nur einige Eisflarden schieben sich darunter und heben das Schiff um einige Zolle.

Der Wind frischt auf und bringt ein starkes Schneegestöber. Alles ist auf den Beinen und mit dem Hinausschaffen von Lebensmitteln, Brennholz, Kohlen, Zelten und Booten beschäftiget, welche wieder in Gefahr kommen, von dem Eise verschlungen zu werden. Das zu magnetischen Experimenten aufgestellt gewesene Beobachtungszelt stürzte zusammen, wurde im Eise vergraben und konnte bei aller Anstrengung nicht mehr gerettet werden.

Das Achter des Schiffes aufgethürmte Eis hat eine Höhe von 30 Fuß erreicht. Um 11 Uhr trat Ruhe ein, doch hört man hin und wieder ein leises Knistern.

25. Die Kranken sind hergestellt, doch wird mit Verabreichung antiscorbutischer Mittel fortgesetzt.

27. Um 11¾ Uhr Nachts gerieth das Eis wieder in Bewegung, kam aber diesmal gegen den Bug des Schiffes heran. Es entstehen Backbord mehrere bedeutende Sprünge, und während sich das Schiff

auf dieser Seite vom Eise loslöst, leidet es bedeutend. Die am 22. d. auf das Eis geschafften Lebens=mittel, Brennmaterialien, Boote ꝛc. kommen heute in die größte Gefahr und mußten auf einen anderen Platz gebracht werden.

Das Schiff ist nun von allen Seiten von hohen Eisbarrikaden umgeben, nur auf Steuerbord ist noch eine kleine Oeffnung frei.

29. Um $9\frac{1}{2}$ Uhr Abends, als ich gerade meine Wache hatte, kam ein Bär über die sich Achter des Schiffes aufgethürmten Eisschollen herabgerollt. Durch das hiedurch verursachte Geräusch aufmerksam geworden, glaubte ich Anfangs, daß sich ein Eisstück von der Barrikade abgelöst habe. Obwohl die Entfernung nur etwa 6 Klafter betrug, konnte ich, ob der herr=schenden Dunkelheit eine Gewißheit nicht erlangen, und zog den mit mir auf Wache befindlichen Matrosen Sucich zu Rathe, der aber ebensowenig etwas Deutliches entnehmen konnte. Mittlerweile witterte der Lappenhund Sumbu den Bären, sprang vom Schiffe auf das Eis und bellte den Bären an. Dieser nähert sich dem Schiffe und attaquirt mit einem Sprunge von $1\frac{1}{2}$ Klafter den Hund. Ich springe auf das Fallrepp, schieße auf den Bären, welcher Blutspuren zurücklassend Reißaus nimmt, und ungeachtet aller ihm weiters nachgesandten Schüsse nicht fällt. Der Neufoundländer=Hund Matiuschkin, in Eifer gerathen, lief demselben nach und konnte ungeachtet aller Rufe von seiner Ver=folgung nicht abgehalten werden.

Wir eilten mehr zur Rettung des übereifrigen Hundes in der von Beiden eingeschlagenen Richtung nach, konnten aber wegen der herrschenden Finsterniß und da wir zwischen den aufgethürmten Eismassen bei jedem Sprunge tief in Schnee einsanken, unmöglich weit vordringen.

Nach einigen Minuten hörte man auch das Röcheln des Hundes, den der Bär gepackt haben mußte, worauf wir umkehrten.

30. Da Matiuschkin nicht bis 10 Uhr Vormittags zurückkehrt und man Blutspuren des gestern Nachts von mir verwundeten Bären deutlich im Schnee erkennt, brechen die Herren Payer und Brosch mit den Tirolern Haller und Klotz nebst einigen Hunden ungeachtet des herrschenden starken Schneetreibens zur Jagd auf, entdeckten auf circa $\frac{1}{2}$ Seemeile vom Schiffe beträchtliche Blutspuren und schwarze Haare an den Eishöckern, die darauf schließen ließen, daß der Bär hier den Hund gepackt und weiter geschleppt habe. Es dauerte auch nicht lange, daß man diesen Spuren folgend, den Bären entdeckte, welcher sich bei Annäherung der Jäger aus seinem im Schnee gegrabenen Bette erhob, und Miene machte, sich zur Wehr setzen zu wollen. Der Kampf begann sofort und wurde der Bär nach mehreren Schüssen mit Sprengkugeln erlegt. Matiuschkin lag mit Bißwunden am Halse und aufgerissenem Bauchfelle etwa 5 Schritte vom Nachtlager des Bären todt und scheint Letzterer des Hundes Eingeweide vor dem Schlafengehen verzehrt zu haben.

Der erlegte Bär, Männchen, wird soeben stück=
weise an Bord geschafft und dessen Fleisch bei dem
drohenden Scorbut Allen sehr zuträglich sein.

31. Heute Nachts ist das Thermometer bis auf $-1\frac{1}{2}°$ R. gestiegen.

Februar 1873.

1. Der seit einigen Tagen anhaltende W. S. W. Wind ist zum Sturm ausgeartet und treibt den losen Schnee nach der Windrichtung; wodurch Alles so verweht wird, daß man vom Großmaste aus das Achterhäuschen nicht mehr wahrnehmen kann. Abends läßt der Wind nach und fällt die Temperatur von $-1\frac{1}{2}°$ auf $-22.4°$ R.

2. Die gestern vom Schnee ganz verwehten, am Eise befindlichen Lebensmittel, Boote ꝛc. müssen förmlich ausgegraben werden.

3. Heute haben wir einen ziemlich hellen Mittag und spielten von 9 Uhr Vormittags bis $2\frac{1}{2}$ Uhr Nach= mittags am Eise Bocce.

6. Die immer mehr zunehmende Tageshelle wirkt auf Alle sehr wohlthuend. Man ist viel fröhlicher und bewegt sich trotz der strengen Kälte ($-27°$ R.) gerne im Freien.

7. Um 10 Uhr Vormittags erzitterte das Schiff wie von einem Erdbeben. Wir stürzten auf Deck und sahen, wie sich das Eis auf Backbord in Folge eines Sprunges öffnete und in östlicher Richtung bis auf 25—30 Klafter von einander entfernte.

Bald darauf kamen große Eisblöcke, die lose unter dem Schiffe verschoben waren, hervor, und verursachten eine gewaltige Wallung des Wassers. Dieser Sprung erlaubte uns, die nunmehrige Stärke des Eises zu messen, wobei eine Dicke von 25 Fuß konstatirt wurde. Gegen 7 Uhr Abends blieb das jenseitige Eis stehen und erst jetzt war es möglich, die auf dem anderen Ufer befindlichen Gegenstände, wie Kohle, Breter ꝛc. mittelst Fangboten in Sicherheit zu bringen.

9. Der Backbord gebildete Sprung schließt sich bereits wieder und mißt das sich gebildete Jungeis heute schon 10" Dicke.

Matrose Palmich ist an Mundscorbut erkrankt.

13. Heute beschäftigen wir uns mit der Abfassung von Nachrichten über die Expedition, die in Flaschen verkorkt, dem Eise übergeben werden sollen.

Das bezügliche Dokument lautet in acht gleichen Ausfertigungen, wie folgt:

„Oesterreichische Yacht „Admiral Tegetthoff" Ex-
„pedition nach dem sibirischen Eismeere. Fest im
„Packeise am 14. Februar 1873.

„Wurden am 21. August 1872 nach der Küste
„von Novaja-Semlja auf 76° 22' Nord und 62°
„3" Ost von Greenwich im Eise besetzt und froren
„ein. Trieben seit jener Zeit je nach den vorherrschen-
„den Winden mit dem Packeise und wurden im Laufe
„des Winters durch die beständigen Eisbewegungen
„öfters gefährdet. Das Schiff liegt jetzt um mehrere
„Fuß gehoben, zwischen Eis der schwersten Gattung,

„befindet sich jedoch in vollkommen gesundem Zustande. „Am Bord Alles wohl, keine besonderen Krankheits= „fälle. Gedenken beim Aufgehen des Eises in O. S. O. „Richtung vorzudringen, um die sibirische Küste in „der Nähe der Taymir=Halb=Insel zu erreichen und „dann längs derselben östlich vorzudringen, soweit es „die Umstände erlauben. Im Sommer 1874 werden „wir die Rückreise durch das Karische Meer antreten. „Unsere größte erreichte Breite war 78⁰ 50′ Nord, „bei 71⁰ 40′ Ost von Greenwich, ohne daß wir „neues Land in Sicht bekamen.

„Bis Mitte Oktober 1872 blieb die Küste von „Novaja=Semlja nach jeder Richtung hin dicht mit „Eis besetzt, später verloren wir sie außer Sicht.

„Sollte das Schiff durch das Eis zerdrückt werden, „so gedenken wir, uns nach der Küste von Novaja= „Semlja zu unserem dort befindlichen Proviant=Depot „zurückzuziehen."

Payer m. p.   Weyprecht m. p.

Auf der anderen Seite des Blattes war in englischer, deutscher, dänischer, französischer und slavischer Sprache an den Finder einer solchen Dokumenten= Flasche die Bitte gerichtet, er möge den Ort und die Zeit des Auffindens dem Dokumente bei= setzen und selbes entweder an das nächste österr. Consulat oder an die Marine=Sektion nach Wien senden.

14. Es werden 4 Partien, eine nach Nord, eine nach Süd, eine nach West und eine nach Ost ausgesendet und jeder derselben zwei solcher Dokumenten=Flaschen

mit der Weisung mitgegeben, diese auf eine Entfernung von etwa 2 Seemeilen auszusetzen.

15. Die Tageshelle nimmt bedeutend zu und wir erwarten schon sehnsüchtig die ersten Sonnenstrahlen.

Heute wurde vergeblich zu lothen versucht, weil die Lothleine auf der Spule derart gefroren war, daß bei jeder Umdrehung die Leine brach.

16. Um 10 Uhr V. M. sahen wir die ersten Strahlen der wiederkehrenden Sonne und war um 12 Uhr ein Theil der Sonnenscheibe über dem Horizonte sichtbar. Unsere Stimmung ist in Folge dieses Umstandes eine gehobene und wird Abends Stab und Mannschaft mit Punsch traktirt werden. Für letztere wird auch eine ganze Schinke gekocht.

17. Heute um 3 Uhr N. M. fiel das Thermometer auf — 36° R.

19. Um 5 Uhr N. M. kam ein Eisbär in die Nähe des Schiffes, wurde verwundet, entkam aber bei der Verfolgung.

Ein Eiskubus wird in's Wasser versenkt. Dieses hat den Zweck, um zu erforschen, ob das Wasser, welches konstant eine Temperatur von — 2 bis — 2½° C. besitzt, einen Einfluß auf das eingetauchte Eis ausübe.

20. Der gestern verwundete Bär, wahrscheinlich von übergroßem Hunger getrieben, kommt abermals zum Schiffe und man bemerkt deutlich den von Blut gefärbten, rechten Vorderfuß. Tiroler Klotz feuert den ersten Schuß ab, fehlt und der Bär empfiehlt sich neuerdings. Nachträglich werden demselben die

beiden Tiroler nachgesendet, die ihn auf eine Entfernung von 4 Seemeilen verfolgen und nach 5 Stunden ohne Beute zurückkehren. Klotz erfror sich dabei den rechten Fußballen, Haller beide großen Zehen und kamen Beide unter ärztliche Behandlung.

22. Heute um 6¼ Uhr Früh, während meiner Wache, kömmt der gewisse Bär wieder. Matrose Sucich und ich eröffnen in angemessener Distanz das Feuer und gelingt es uns endlich, nachdem wir ihm 4 Kugeln in den Leib gejagt hatten, sein Lebenslicht auszublasen. Freund Petz hatte etwas Thran und ein Stück Seehundsfell im Magen und war recht mager.

23. Heute sahen wir die Sonne in ihrer ganzen Pracht über dem Horizonte aufsteigen; des Nachts zeigten sich zahlreiche und intensive Nordlichter in Kronenform, die sich gegen den Zenith ausbreiteten.

25. Heute wurde der Carneval gefeiert; einige Matrosen hatten sich maskirt, ebenso unser Lieblingshund Sumbu, welcher zuerst einen Matrosen-Unterofficier, später einen Lindwurm darstellte und beide Rollen mit Meisterschaft gab.

Alles, maskirt und unmaskirt, begibt sich auf's Eis, um die ausgesetzten Preise zu gewinnen. Vor Allem wird ein Schlitten mit etwa 300 Pfd. Gewicht beladen und erhält Derjenige, welcher denselben von der Stelle zieht, 1 Flasche Wein. Dann wird ein großes Bocce-Spiel veranstaltet und die gewinnende Partie mit Wein, Cognak, Mixed-Picles, eingesottenem Obste, österr. Silbergulbenstücken,

Messern ꝛc. bedacht. Die Maskirten erhielten überdies Jeder eine Flasche Rum.

Abends war Festmahl, wozu Herr O r e l eine wirklich ausgezeichnete Mehlspeise, bestehend aus Butterteig und Linzertorte, auf den Tisch stellen ließ. Den Schluß bildete ein Punsch und um 11¼ Uhr trennten wir uns, an die im vorjährigen Fasching getanzten Quadrillen denkend.

28. Das Thermometer zeigte heute Nacht 2 Uhr — 37º R.

März 1873.

1. Der ausgesetzte Eisverdunstungswürfel zeigte keinen Gewichtsverlust. Die beiden Tiroler befinden sich am Wege der Besserung.

2. Die Sonne steht Mittag schon ziemlich hoch und waren von 12 bis 2 Uhr 3 Nebensonnen sichtbar. Herr O r e l, aus Dankbarkeit für das ihm für seine letzte Linzer-Torte gespendete Lob, überrascht uns heute zur Mittagstafel mit einem sehr wohlschmeckenden Strudel.

3. Die Sonne ging bei — 33º R. um 8 Uhr 15 M. auf und um 4 Uhr N. M. unter. Wir versuchten das Bärenfleisch, wie gewöhnliches Rindfleisch einfach zu sieden, und erzielten ein glänzendes Resultat; denn die Suppe war sehr kräftig, hatte gar keinen Thrangeschmack und könnte das gesottene Fleisch, das wir mit einer Sardellen-Sauce ganz ausgezeichnet fanden, jedem Feinschmecker als Rindfleisch bester Sorte vorgesetzt werden.

3. Wir hängten Mittags zwei Thermometer in der Sonne auf und fanden bereits gegen den im Schatten befindlichen eine Differenz von 8^0 R.

5. Um Mittag wurde der seit 19. Februar versenkte Eiskubus aus dem Wasser gehoben. Derselbe war mit einer $3/4$" dicken Eiskruste überzogen und hatten sich sowohl an die zur Beschwerung des Würfels verwendeten Backsteine, als auch an die zum Versenken des Cubus benützte Hanfschnur blätterförmige Eiskristalle angesetzt.

Um $3\frac{1}{2}$ Uhr wurde ein neuer Eiswürfel auf 15' Tiefe versenkt.

6. Der gestern versenkte Eiscubus war bei seiner um $3\frac{1}{2}$ Uhr N. M. erfolgten Hebung an die Oberfläche des Wassers bereits wieder mit einer $1/4$" dicken, porösen Eiskruste überzogen, die mit starken Bürsten entfernt werden konnte. Daß sich der Würfel mit einer Eiskruste überzieht, hat darin seinen Grund, weil der Cubus, der vor seinem Versenken eine Temperatur $— 30^0$ C. und darüber besaß — das ihn umgebende Wasser (von $— 2$ bis $— 2\frac{1}{2}{}^0$ C.) plötzlich abkühlt und nothwendigerweise Eiskristallbildungen hervorrufen muß.

7. Feuermann Pospischil erkrankt an Lungen-Catarrh und kömmt in ärztliche Behandlung; sonst Alles wohl.

An dem seit 1. d. M. der freien Luft ausgesetzten Eiswürfel ließ sich keinerlei Verdunstung konstatiren.

10. Feuermann Pospischil befindet sich besser.

Von 8 bis 10 Uhr Abends zeigten sich sehr intensive Nordlichter von prismatischen Farben über dem ganzen Himmelsgewölbe, die mit dem Spectral-Apparate beobachtet wurden.

12. Heute ist magnetischer Tag, an welchem durch volle 24 Stunden alle 5 Minuten die Erscheinungen am magnetischen Theodoliten abgelesen und aufgezeichnet werden.

Abends 8 Uhr erkrankte Dr. Kepes in sehr bedenklicher Weise an Magenkrämpfen; er hat große Schmerzen und stöhnt furchtbar. Die beiden Tiroler und Feuermann Pospischil machen abwechselnd zweistündige Wache an seinem Bette.

13. Dr. Kepes befindet sich heute noch viel schlimmer und mußte demselben zur Linderung der Schmerzen Chlorhydrat verabreicht werden, worauf er in einen festen Schlaf, bald aber in ein heftiges Delirium verfiel. Commandant Weyprecht geht nicht von seiner Seite und nimmt sich alle Mühe, ihm irgendwie behilflich zu sein. In zurechnungsfähigen Momenten läßt er sich von dem Kranken die betreffenden Medikamente und deren Dosen angeben und bereitet dieselben mit der größten Gewissenhaftigkeit.

14. Das Befinden unseres armen Doktors ist noch immer ein verzweifeltes; Krämpfe und Delirien wechseln sich ohne lichte Momente ab.

15. Heute früh wurde ein Eisbär in der Nähe des Schiffes erlegt. In dem Gesundheitszustande des Doktors ist leider noch immer keine Besserung eingetreten.

16. Der Krankheitszustand unseres lieben Arztes hat sich noch verschlimmert, er schreit, weint und jammert Tag und Nacht ohne Unterlaß bei starken Krampfanfällen.
17. Um 5 Uhr Nachmittags waren 5 Nebensonnen sichtbar, und zeigte sich der Sonne gegenüber auf einer dunklen Wolkenbank ein prismatisch gefärbter senkrecht auf den Horizont stehender Streif.

    Dr. Kepes befindet sich heute etwas besser.
18. Unser Arzt ist wohler, jammert nicht mehr und verlangt nach Speise.
19. Das Befinden des Doktors bessert sich zusehends, obwohl die Krämpfe gegen Abend wiederkehren.
20. Der heute wieder gehobene, seit dem 6. versenkte Eiscubus zeigte keine Zunahme der Eiskruste. Letztere war sogar stark aufgeweicht, so daß man mit dem Finger ohne Mühe Eindrücke machen konnte, die sich erhielten.
21. Die Sonne ging heute um 6 Uhr Früh auf und zu gleicher Stunde Abends unter.

    Das Befinden des Arztes ist Etwas besser, obwohl die Krämpfe noch immer anhalten.
23. Heute sahen wir nach langer Zeit wieder einen Taucher (Grille colombo) in der Nähe des Schiffes, der in der Ost-Richtung dahinflog.

    Das Befinden des Arztes ist ziemlich befriedigend. Er geht soeben in der Cajüte herum und wird täglich elektrisirt.

    Heute feiere ich meinen Namenstag.

24. Unser Doktor ließ sich heute schon auf Deck sehen und hat einen riesenhaften Appetit.
28. Das Befinden unseres Arztes hat sich gestern wieder verändert; er bekam zwar keine Krämpfe, wurde aber allem Anscheine nach geisteskrank; denn er ist Tag und Nacht wieder in Delirien.
29. Heute wird ein Loch ins Eis gehauen, und darin ein Netz, worin sich Bärenknochen befinden, aufgehängt. Dieses Experiment ergab einen nicht unbedeutenden Fang von kleinen Krebsen (Crustaceen), von denen die größeren auch gegessen werden konnten.

Das Befinden unsers Doktors hat sich bedeutend gebessert; denn er kam wieder zu vollem Bewußtsein und versichert, daß er von seiner Krankheit, die doch schon etwa 14 Tage währt, gar keine Erinnerung besitze.
30. Um 11 Uhr Vormittag sah man auf der Bordseite, wo die Sonne sich anlegte und am Bug des Schiffes von dem durch die Sonnenwärme geschmolzenen Schnee bereits einige Tropfen herabsickern.

Unser lieber Doktor ist vollkommen Rekonvaleszent, hat großen Appetit und bekömmt täglich 3mal Suppe und gebratenes Bärenfleisch.

April 1873.

1. Dr. Kepes tritt mit heutigem Tage zu unserer Aller Freude in den Stand der Gesunden.

Gegen Mittag zeigen sich zwei Nebensonnen mit einem im Zenith befindlichen, intensiven Bogen, der in allen möglichen Farben schillert. Die Sonne geht zu unserer Freude bereits um 4 Uhr Früh auf, erst um 8 Uhr Abends nnter und dauert die Dämmerung fast die ganze Nacht hindurch.

2. Gegen 6 Uhr Abends ließ sich ein kleiner Taucher sehen, welcher das Schiff, von Süden kommend, umkreiste, um in nördlicher Richtung zu verschwinden.

3. Heute wurde der Bau einer Eispyramide in Angriff genommen, welche 10 Fuß im Quadrat, bei 30 Fuß Höhe haben, und zur Deponirung eines Dokumentes dienen soll.

4. Nachdem uns die Wäscheseife ausgegangen, fabrizire ich aus Bärenfell eine solche, die bei ihrer ziemlichen Brauchbarkeit von prononcirter dunkelbrauner Farbe ausfällt und durch fortgesetztes Aussalzen den Thrangeruch verliert.

7. Die Temperatur steigt von -24 auf $-14°$ R.

Um 9 Uhr Früh wird das Winterzelt abgenommen und sowohl vorne, als Achter die gläsernen Scheilichter eingesetzt; wodurch in die unteren Schiffsräume endlich wieder Tageshelle bringt, und in der großen Cajüte die durch volle 5 Monate brennende Lampe ausgelöscht und bis zum nächsten Winter in den wohlverdienten Ruhestand versetzt werden kann.

Der Verbrauch des durch den ganzen Winter konsumirten Petroleums beträgt 464 Pfund.

8. Die Feldschmiede auf Deck wird in Stand gesetzt und alle schadhaften Eishauen und Eishacken sofort reparirt.

Die Cajüte wird mit Sodalauge gewaschen, da deren Decke und Wände durch die fortwährend brennende Petroleumlampe bedeutend geschwärzt wurden.

Um 8½ Uhr Abends passiren 2 Möven von Nord nach Süd beim Schiffe vorüber.

9. Ich lasse mir behufs Seifenfabrikation im Großen eine eigene Eishütte bauen und gleichzeitig Bären=thran aussieden.

11. Heute ist Charfreitag. Die seidene Flagge wird Halbtopp gehißt, und bei Tisch anstatt Fleisch Stockfisch gegessen.

Um 5 Uhr Abends habe ich die Seife fertig ge=sotten, in Formen gegossen und zum Festwerden an Bord gebracht.

12. Heute wurde der in der Luft frei aufgehängte Eis=würfel abgewogen, und zeigte in 8 Tagen eine Gewichtsabnahme von 4.11%. Ein zweiter Eis=kubus wurde in eine durchlöcherte Blechbüchse ge=hängt, um zu sehen wie viel das Eis im Schatten abnimmt. In östlicher Richtung hört man entferntes Eisschieben.

Die Herren Payer und Dr. Kepes feiern ihren Namenstag und geben Jeder zur Mittags=tafel zwei Flaschen Wein zum Besten. Wir ließen die wackeren Gefährten hoch leben! —

15. Heute werden die Arbeiten zur Instandsetzung der Maschine in Angriff genommen und trete ich zu diesem Behufe aus dem Dienste des Wachemachens.

Vor Allem wird der Kessel geöffnet, dieser sowie die Mann- und Schlammlöcher gereiniget und neue Dressen eingelegt.

Im Innern des Kessels, u. z. an den Kesselwänden, befand sich eine 1 Millimeter dünne Rostschichte, welche leicht abgeklopft werden konnte. An der Wasserlinie der Feuerbüchse und an den Siederohren fand sich ein lockerer, rußartiger, leicht zusammenhängender Staub vor.

16. Die Speise-Ventile der Maschinen- und Dampfpumpe, der Talghahn, sowie der Manometer-Durchblashahn werden eingeschliffen, die Sicherheits-Ventile geöffnet und mit neuen Dichtungen versehen.

Die alten Dichtungen der Flantschen an den Sicherheits-Ventilen (aus Kautschuk mit einer Leinwand-Einlage) waren durch die Kälte derart festgefroren, daß die Flantschen im kalten Zustande von einander nicht getrennt werden konnten. Um Letzteres zu ermöglichen und die Gefahr zu vermeiden, die Flantschen zu sprengen, werden diese mittelst glühender Eisenstücke allmälig erwärmt.

17. Heute wurden die Sicherheits-Ventile eingeschliffen und geschlossen, dann das Absperr-Ventil geöffnet, eingeschliffen, mit neuen Dichtungen versehen und wieder geschlossen.

18. Von heute an geht die Sonne nicht mehr unter, sondern steht um 12 Uhr Nachts in Nord, wo sie sich dann allmälig hebt, um ihren täglichen Weg zu vollenden.

Die Mannschaft arbeitet im Eise Achter des Schiffes, um die Unterwassertheile behufs Visitirung frei zu machen.

In der Maschine wurden sämmtliche Wasserstand=Probirhähne, dann der Einlaßhahn der Dampfpumpe, sowie der Durchblashahn des Kessels geöffnet, eingeschliffen und mit neuen Dichtungen versehen.

19. Bei Abwage des Eiswürfels zeigt sich eine Gewichtsabnahme von 4.43%.

Der Maschinen=Abschäumhahn wird geöffnet, neue Dichtungen eingelegt und geschlossen.

20. Es ließ sich wieder einmal eine Möve sehen, welche von Nord gegen Süden zog.

Der Durchblas= sowie der Grundhahn zum Kesselfüllen werden geöffnet und ersterer eingeschliffen. Bei Letzterem war dies nicht möglich, weil sich in dem Rohre, das durch die Bordwand in die See geht, Eis befand und das Eindringen des Wassers verhinderte.

21. Herr Orel erlegt einen jungen Bären.

Das Einströmungsrohr und die Kühlwasserpumpe wurden geöffnet, die Kautschukventile nachgesehen, umgewendet und vom Eise gereiniget.

22. Die Wasserpumpe der Kühlwasser-Cisterne wurde geöffnet, gereiniget, mit neuen Dichtungen versehen und geschlossen.

Heute wurde die Kesselreinigung beendet.

23. Der auf Deck befindliche Schnee, welcher uns den Winter hindurch als Decke diente, wird aufgehackt, über Bord geworfen und mit Schlitten weggeführt.

Wir haben eine Temperatur von — 11 bis — 13° R. Das Speiserohr der Dampfpumpe, sammt den dazu gehörigen Hähnen, wurde geöffnet, vom Eise befreit, mit neuen Dichtungen versehen und wieder angeschraubt.

24. Die Luftpumpe wurde geöffnet, gereinigt, die Kautschukventile umgewendet, mit neuen Dichtungen versehen und geschlossen.

Ebenso wurde der Hahn der gewöhnlichen Injektion eingeschliffen und frisch verdichtet.

25. Das Saugrohr der Maschinen-Speisepumpe wurde abgeschraubt, die Speise- und Leckpumpe, sowie das Ueberdruck-Ventil der ersteren geöffnet, die verschiedenen Ventile eingeschliffen, Alles neu verdichtet und geschlossen.

26. Von der zuletzt erzeugten Seife erhält jeder Mann 18 Loth zum Wäsche waschen. Zu diesem Behufe wird am Eise ein Hängkessel aufgerichtet, darin der Schnee geschmolzen, und sind immer zwei und zwei Mann mit dem Reinigen ihrer Wäsche beschäftigt. Es wurden heute viele Möven gesehen, die alle gegen Westen ziehen, in welcher Richtung sich vor einigen Tagen eine offene Wasserstelle gebildet hat.

Die Rohrleitung der Speise= und Deckpumpe wurde abgeschraubt, vom Eise befreit, mit neuen Dichtungen versehen und wieder angeschraubt. Ferners wurde der Hochdruck=Cilinder geöffnet und vollkommen spiegelblank befunden.

27. Den Kolben des Hochdruck=Cilinders und dessen Federn untersucht.
28. Die Sonne tritt matt aus den Wolken und zeigt einen Ring mit 3 Nebensonnen.

Das Eis nimmt bedeutend ab. Es wird ein Loch ins Eis gehauen, sodann gelothet und mit dem Dregnetze aus einer Tiefe von 350 Meter gelbbrauner Schlamm mit Steinchen, Würmern, Korallenbildungen und kleinen Muscheln gehoben.

Der Niederdruck=Cilinder wurde geöffnet und nicht eine Spur von Rost vorgefunden.

Die Untersuchung seines Kolbens war ebenso befriedigend.

In der Mannschafts=Cajüte wurden ein schadhaftes Rauch= und ein Knierohr gewechselt.

29. Der Hoch= und Niederdruck=Cilinder wurden geschlossen und die Schieber vorne geöffnet.
30. Die Schieber und Expansionsschieber vorne wurden neu verdichtet, zwei Excenter geöffnet, zusammengefeilt und geschlossen.

Mai 1873.

1. Wir haben eine Temperatur von — 8 bis — 14° R. bei vollkommener Windstille.

Um 3 Uhr Nachmittags warf die Hündin Semlia 4 Junge, welche in einem eigenen, für dieselben auf dem Eise errichteten warmen Zelte untergebracht wurden, und wo sich die junge Familie recht behaglich zu fühlen scheint.

Der Excenter des Expansionsschiebers wurde zusammengefeilt und geschlossen. Schieberdeckel vorne mit neuer Dichtung versehen und zugemacht. Schieberdeckel Achter geöffnet.

Dampfeinströmungs-Ventil sammt dem dazu gehörigen Rohre mit neuen Dichtungen versehen und angeschraubt. In den Schiebern befand sich kein Rost, obgleich sie den ganzen Winter hindurch geschlossen waren.

2. Beide Excenter Achter wurden gereinigt, nachgefeilt, die Stopfbüchse des Schiebers neu verdichtet und der Schieberdeckel geschlossen. Die obere Stopfbüchse des Expansionsschiebers neu verpackt.

3. Das Instrumenten-Depot wurde ausgeräumt und von dem sich angesetzten Eise befreit.

Eines von den neugebornen Hündchen ist an Lebensschwäche verendet.

Nachmittags zeigte sich ein Schnee-Zeisig und wurde geschossen.

Die Stopfbüchse der Kolbenstange des Hoch- und Niederdruck-Cilinders geöffnet und neu verdichtet.

Das Achsenlager Nr. I geöffnet, nachgefeilt und wieder geschlossen.

4. Auch heute starb eines von den Hündchen weiblichen Geschlechtes. Es bleiben uns sonach nur noch

2 Männchen übrig, die aber in die Badekabine einquartirt werden, um sie vor der Nachts herrschenden strengen Kälte zu schützen.

5. Die Achsenlager Nr. II, III, IV, sowie das Trust- und Tunnellager geöffnet, gereinigt, zusammengefeilt und wieder geschlossen.

    Der Feuermann reinigt die Maschine.

6. Das Kreuzkopf- und Kurbellager des Hochdruck-Cilinders geöffnet, zusammengefeilt und wieder geschlossen.

7. Das Kreuzkopf- und Kurbellager des Niederdruck-Cilinders geöffnet; die Achsenlager etwas oxidirt gefunden, selbe nachgefeilt geschlossen.

    Das Gestänge der Luftpumpe geöffnet, nachgesehen und wieder geschlossen.

8. Die seit einigen Tagen im Zuge befindlichen Takelage-Arbeiten wurden beendet und wolle Gott, daß wir die Segel recht bald gebrauchen könnten.

    In der Maschine wurden sämmtliche Schmiervorrichtungen abgeschraubt, gereiniget, die schadhaften reparirt und wieder angeschraubt.

9. Die Dampfpumpe geöffnet, den Einströmungshahn, welcher durch den Frost zerrissen wurde, reparirt, sodann die Pumpe mit neuen Dichtungen versehen und zusammengesetzt.

10. In der Maschine wurden sämmtliche Schmiervasen mit frischen Schafwolldochten versehen und ein neuer Schmier-Apparat für die Luftpumpen-Kolbenstange erzeugt.

Indem ich die Maschinen=Untersuchungs= und Instandsetzungs=Arbeiten mit heutigem Tage beende, kann ich nicht umhin der Vorzüglichkeit und Solidität dieser vom Stabilimento tecnico Triestino konstruirten Maschine ganz besonders Erwähnung zu thun, indem mit Ausnahme des Kegels für den Zuströmungswechsel, ungeachtet der durch den ganzen Winter ausgestandenen, sehr niederen Temperatur kein weiterer Bestandtheil, Kupferrohr ꝛc. im Mindesten gelitten hat.

11. Das Schwarzkugel=Thermometer zeigte um 3 Uhr Nachmittag in der Sonne $+ 26{\cdot}1^0$ R.

Die Lufttemperatur variirt zwischen $- 10$ und $- 6^0$ R. Von den Eisblöcken hängen überall lange Eiszapfen herunter und bilden sich in den verschiedenen Eisgrotten, Formationen, die den Tropfsteinbildungen sehr ähnlich sehen.

Um 10 Uhr kömmt von Norden ein Nebel herauf, der über das Schiff streichend, an der Takelage federfahnenartige Eiskristallisirungen zurückläßt.

12. Es fallen wunderschöne Schneefiguren, welche mit einer Luppe betrachtet, bis in ihre kleinsten Formationen zu sehen sind.

Die Propeller=Axe ist im Stevenrohre eingefroren und kann sonach mit der Maschine nicht gedreht werden.

Backbord wird ein Loch ins Eis gehauen und darin eine Hai=Angel herabgelassen.

Ich beginne wegen meines anhaltenden Catarrhs eine Thrankur.

13. Heute Früh um 1¼ Uhr wurde der wachehabende Matrose Stiglič, welcher in Gedanken auf der Steuerbordseite des Schiffes auf und abging, im Momente, als sich derselbe umwandte, von einem Eisbären überrascht, welcher von Achter über die Bordwand auf Deck geklettert war und nun etwa 2—3 Schritte vor dem Matrosen stand.

Stiglič riß in seiner Ueberraschung vor Allem die Mütze vom Kopfe herab, warf sie dem Bären zu, welcher selbe beschnüffelte. Diese Zeit benützte der Matrose rüttlings gegen das Fallrepp eilend, und schrie jämmerlich um Hilfe. Der wachehabende Harpunier Carlsen auf die Stiglič bedrohende Gefahr aufmerksam geworden, bewaffnete sich sofort mit einem Gewehre und schoß den kühnen Eindringling nieder. Es war dieß ein sehr kurz behaartes Männchen, 2 Meter lang, äußerst mager und hatte gar nichts im Magen.

Die Pelze werden in das Tunnelmagazin verstaut. Die Deckpumpe zum Soodraume wird in Stand gesetzt.

14. Die vorgestern versenkte Hai=Angel wurde ohne Erfolg herausgeholt.

Der ins Wasser gehängte Eiswürfel wird gehoben, und zeigt sich sehr porös und vom Wasser durch= weicht.

15. Da sich zu meinem Magenkatarrh auch noch ein Fieber gesellte, muß ich mich in ärztliche Behand= lung begeben und Diät halten. Von dem zuletzt

erlegten Bären bekomme ich täglich 3 Steacks mit einigen Pflaumen.

17. Heute Nachts verschlimmerte sich mein Zustand; ich litt die ganze Nacht an heftigem Fieber, hatte einen Pulsschlag von 120 p. M. und muß in Folge dessen das Bett hüten.

18. Ich muß volle Diät halten und bekam Nichts als eine Fleisch=Extrakt=Suppe.

19. Um 2 Uhr N. M. wurde gelothet und bereits auf 172 Meter Tiefe brauner Schlamm zu Tage ge= fördert. Ueberhaupt nimmt die Meerestiefe von Tag zu Tag ab, was schließen ließe, daß in der Nähe Land sein könne; obwohl bis jetzt nichts Aehnliches gesehen wurde.

Wir haben häufigen Besuch von Möven und Tauchern.

Außerbords wird die Schneeverkleidung des Schiffes abgenommen und die auf dem Eise befindlichen Briquettkohlen an Bord geschafft.

Ich hüte noch immer das Bett, die Fieberanfälle sind nicht mehr so heftig, nehme fleißig Chinin= pulver und halte bei großem Hunger strenge Diät.

21. Die Meerestiefe nimmt noch fort ab, und stieß man heute schon bei 138 Meter auf braunen, schlammigen, mit etwas Korallenbildung, einem Seestern und Algen gemengten Schlamm.

Das bisher eingefrorene Steuerruder wurde nach vieler Mühe und Anstrengung endlich ausgehoben, an die Bordwand Steuerbord angebunden und so= dann Uebungsversuche mit dem Ein= und Aus=

hängen des Steuers vorgenommen; wozu im durchschnitte 20 Minuten erforderlich waren.

Ich befinde mich besser und kann bereits im Cajütenraume auf- und abgehen.

22. Heute ist Christi Himmelfahrt.

Die Eisblöcke in der Umgebung des Schiffes werden durch Verdunstung merklich kleiner und ist der darauf befindliche Schnee ganz weich.

Ich trete aus der vollen Diät und bekomme ein leider viel zu kleines Bärensteack mit wenigem Obste.

23. Es werden auf beiläufig 5 Seemeilen vom Schiffe Sprünge im Eise sichtbar. Um beim Spalten und Pressen des Eises den direkten Druck auf das Schiff zu paralisiren, werden rings um dasselbe 21 Löcher auf je 30 Schritte Entfernung von einander in das Eis gehauen und sitzt das Schiff auf diese Art in der Mitte einer Scholle fest. Das Eis zeigt sich stellenweise in einer Stärke von 6" 8' und darüber, doch ist das untere schon ziemlich porös und vom Wasser durchweicht.

24. Ich kann auf kurze Zeit gut angezogen auf Deck gehen, um frische Luft zu schöpfen und bekomme bereits ausgiebigere Kost.

25. Als wir uns zum Caffeetische setzten, erstaunten wir nicht wenig, frische Kipfeln zu erblicken, die uns unser freundlicher Kochkünstler, Herr O r e l während seiner heutigen Morgenwache hervorgezaubert hatte.

26. Alken, Möven und Taucher passiren das Schiff, westlich ziehend. Um $12^{3}/_{4}$ Uhr trat eine partielle Sonnenfinsterniß ein, die bis $3^{1}/_{2}$ Uhr währte.

Ich arbeitete an der Erzeugung einer Eishaue was mich aber so ermüdete, daß ich mich bald zu Bette begeben muß.

27. Ich hatte heute Nacht sehr starken Schweiß gehabt, welcher vom Fieber herrührt und nahm Drasche=Pulver.

28. Um 12½ Uhr Nachts erlegte Herr Orel einen 7½' langen Bären. Es ist dieß ein alter Knabe, hatte bereits schadhafte Zähne und einen ganz leeren Magen.

29. Heute Mittags hatte die Luft eine Temperatur von $+2°$ R. Das Wasser rinnt überall auf Deck und an den Schiffswänden herunter.

30. Die nächtlichen Schweiße haben aufgehört und mit diesen meine fortwährende Müdigkeit.

Möven und Taucher besuchen uns, halten sich aber in solcher Entfernung, daß es vergeblich ist, auf dieselben zu schießen.

Das kleine Hündchen „Torosi" gedeiht und wird alltäglich auf einige Zeit auf Deck gebracht, wo es nach Herzenslust herumspringt und den großen Hunden seine Visiten abstattet.

Juni 1873.

1. Heute ist Pfingst=Montag. — Der Bootsmann und Harpunier werden zur Offiziers=Tafel geladen; die Mannschaft unterhält sich mit Schaukeln und anderen gymnastischen Uebungen.

2. Wasservögel, besonders Alken, passiren in Schwärmen das Schiff. Matrose Cattarinich schoß 2 Stück,

die abgebalgt, in eine Beize gelegt werden, um für ein Nachtmahl zu dienen.

3. Die Gegend belebt sich immer mehr; zahlreiche Eismöven kommen in die Nähe des Schiffes und setzen sich auf den abseits befindlichen Unrathsplatz, wo sie leicht erlegt werden können.

Das heute gehobene Schleppnetz bringt sehr viele Seesterne, Korallenbildungen, Muscheln, ja sogar einen kleinen Fisch herauf.

4. Die Mannschaft arbeitet zwischen den gegrabenen Löchern mit den großen Eissägen.

Die heute gekochte Seife gelang bedeutend besser als alle früheren Male. Wenn das so fortgeht, werde ich noch Hoflieferant in diesem Artikel. — —

7. Die Mannschaft arbeitet rüstig im Eissägen und wird ein Krahn aufgestellt, um die herausgesägten Stücke zu heben.

8. Das umliegend aufgethürmte Eis schmilzt bedeutend zusammen, doch bekamen wir in der Nähe des Schiffes noch keinen Sprung im Eise.

9. Vormittags zeigte sich ein Nebelbogen in schönen prismatischen Farben.

N. M. kamen zwei Bären unter Bord, von denen Einer (ein Weibchen) erlegt wurde.

Auf eine Entfernung von wenigen Seemeilen sind einige Sprünge im Eise sichtbar.

12. In S.S.O., Süd, S.W. und N.W. sind offene Sprünge im Eise und Wasserhimmel in Sicht. Das heute gehobene Schleppnetz förderte sehr interessante Thierbildungen und Algen zu Tage. N. M. machten

einige Leute mit Gewehren, Munition und Compaß versehen, einen Ausflug, um zu dem offenen Wasser zu gelangen. Sie kehrten um 6 Uhr Abends zurück und schätzen den Sprung, in welchem einige Seehunde sichtbar waren, auf etwa 3 Meilen Breite.

13. Heute ist es ein Jahr, daß der „Tegetthoff" den Hafen von Geestemünde verlassen hat.

Dieser Tag erinnert mich auch an den Namenstag meines geliebten Vaters und Bruders, denen ich im Geiste meine heißesten Grüße sende. Gleichzeitig feiere ich meinen 28. Geburtstag, bin aber leider nicht bei bester Gesundheit.

Dr. Kepes, der mich heute untersuchte, fand, daß ich einen Lungen-Catarrh habe, folglich wieder Diät halten und 3 mal des Tages Thran trinken muß.

Ein Strandläufer (Tringa canutus) wurde geschossen.

14. Wir haben bei einer Temperatur von $+2°\ 9°$ auf $-3°$ R. zeitweise feines Nebelreißen. Die gebeizten Möven, welche heute zum Nachtmale hergerichtet wurden, waren etwas zu mürbe; so daß sie beim Kochen ganz zerfielen, hatten aber einen recht guten Geschmack.

16. Die Eisarbeiten sind soweit gediehen, daß die Propeller-Achse in der Maschine bereits bewegt werden kann, indem auch das Wasser das im Stevenrohre befindliche Eis bereits gelockert hat.

Da das Thermometer im Maschinenraume noch immer einige Grade unter Null zeigt, lasse ich, um ein weiteres Einfrieren zu verhüten, die Maschine täglich zweimal drehen.

Ich fühle beim Aufathmen bedeutende Schmerzen und bin gezwungen das Bett zu hüten. Ueberhaupt bin ich durch das immerwährende Kränkeln bereits sehr abgemagert und sehe sehr leidend aus.

Als ich jüngst im Bade war, erschrack ich völlig beim Anblicke meines abgezehrten Körpers; doch hoffe ich, daß mich die Thrankur wieder herstellen wird.

17. Die Eisarbeiten dauern fort, ebenso auch der Zug aller möglichen Vögel.

Heute wurden wieder 3 Schnee-Zeisige und mehrere Eismöven geschossen.

18. Mein Zustand hat sich zwar Etwas gebessert, indem die Schmerzen in der Brusthöhle nachgelassen und sich nur noch auf die Magengegend und die Gedärme erstrecken.

Leider habe ich nicht nur gar keinen Appetit, sondern fühle sogar einen gewissen Abscheu vor allen Speisen.

21. Vorgestern und heute Nachts kamen zwei Bären in die Nähe des Schiffes, entfernten sich aber, bevor auf dieselben Jagd gemacht werden konnte. Die Bramstengen werden gehißt und deren stehendes Gut angesetzt. Auch versuchte ich den Kessel zu füllen, es kömmt jedoch zu wenig Wasser, weil der Füllhahn noch immer eingefroren und das Eis außerbords an der Mündung des Hahnes liegt.

22. Vom Krähennest aus sind offene Sprünge von N. O über Ost und von Süd bis N. W. fast rings um den Horizont reichend, in Sicht.
23. Alles, was am Bord nicht krank darniederliegt, greift zu den Hacken und wird Backbord ein breiter Canal ausgegraben und ausgesägt, um das Schiff, sobald derselbe fertig wird, in denselben zu bringen. Durch das anhaltende Abthauen des Eises ist das Schiff bereits derart gehoben, daß es sich im andauernden Thauwetter auf die Seite legen könnte. Mit Rücksicht auf die Morgen stattfindende Maschinenprobe ließ ich den Kessel füllen; doch lief derselbe nur auf 3′ an; während der Rest nachgepumpt werden mußte. Da mir für diese Arbeit nur 2 Mann zur Verfügung standen, dauerte selbe den ganzen Tag hindurch.
24. Wir stehen täglich eine Stunde früher auf, so daß die Arbeiten schon um 7 Uhr Früh beginnen. Zur Probe wurde der Kessel geheizt und die Maschine versucht, wobei sich bis auf einige Undichtheiten Alles in bester Ordnung zeigte. Beim Auspressen des Kessels arbeitete das heiße Wasser auf Steuerbord eine große Oeffnung im Eise heraus, ohne jedoch die Lage des Schiffes im Mindesten zu bedrohen. Reinigung der Maschine.
25. Mein Gesundheitszustand hat sich bedeutend gebessert; ich fange an langsam wieder zu Kräften zu kommen.
26. Die Arbeiten mit Sägen, Hacken, Spaten und Sprengminen werden mit allem Eifer fortgesetzt.

Eine Eissäge, welche über die Mittagsstunde einfror, mußte, da dieselbe auf keine Weise zu befreien war, mit einer Pulvermine herausgesprengt werden; wobei dieselbe leider in der Mitte abrach. Es wird deßhalb sofort zur Erzeugung einer neuen Eissäge geschritten, wozu das Kohlen-Depot-Blech dienen muß; indem ich keines von der erforderlichen Länge am Bord habe.

28. Beim heutigen Eisgraben auf Steuerbord, kamen wir bereits auf 18' Tiefe, ohne auf Wasser zu stoßen.

In Folge der forcirten Arbeiten im Eise erkranken Einige von der Mannschaft an Augenentzündung und müssen sich in ärztliche Behandlung begeben. Mein Befinden läßt Nichts zu wünschen übrig.

29. Herr Orel erlegt heute Nacht einen großen Eisbären vom Verdeck aus.

Juli 1873.

1. Die neuerzeugte Eissäge ist fertig geworden und schneidet viel schneller als die anderen.

Heute erzeuge ich einen Eisbohrer von 12" Diameter um Löcher zum Einsetzen der Sägen ins Eis zu bohren. Der Zimmermann erzeugt Keile und Stützen, um das Schiff, welches sich täglich um 1 bis $1\frac{1}{2}$ Centimeter aus dem Eise hervorhebt, zu verstützen.

3. Das jetzt in Bearbeitung befindliche Eis hat eine Dicke von 8—10 Fuß und ist das Zersägen desselben bei der Kürze unserer Sägen, die nicht über

11½ Fuß reichen, eine äußerst mühsame Arbeit. Oft findet man auch noch unter dieser dicken Eisdecke eine zweite, welche dann das Sägen noch mehr erschwert; indem man, um solche Stücke zu fassen und herauszuschaffen, mit langen Meißeln und Hebebäumen arbeiten muß.

4. Der heute fertig gewordene 12 Cent. Eisbohrer bohrt in 7 Minuten ein Loch auf 20 Centimeter Tiefe.
5. Feuermann Pospischil erkrankt.
6. Das Schiff hebt sich von Tag zu Tag mehr, so daß die Stützen stets nachgekeilt werden müssen.
7. Um 1½ Uhr N. M. wurde ein großer Eisbär geschossen, der außer einigen gewiß unverdaulichen Seehundskrallen — gar Nichts im Magen hatte. Pospischil geht es besser.
8. Mittags haben wir eine Temperatur von + 5° R. Um 2½ Uhr N. M. näherten sich 3 Bären, u. z. ein Weibchen mit seinen 2 Jungen dem Schiffe, welcher sich zu bemächtigen, beschlossen wird. Es war dieß eine sehr interessante Jagd; denn Alles, was nur konnte, bewaffnete sich, um an derselben Theil zu nehmen. Sobald wir die Familie auf angemessene Distanz hatten, verabredeten wir uns, auf welches Thier ein Jeder schießen sollte und drückten Alle auf ein Commandowort los. Zwei Bären blieben gleich auf der Stelle liegen, der dritte, ein junges Männchen wurde noch auf 200 Schritte verfolgt und gleichfalls erlegt. Die Mägen aller drei waren mit Seehundsfleisch, Speck und

Haut sammt Haaren ziemlich gefüllt und mußten die Bären noch vor Kurzem ein reiches Mahl gehalten haben.

11. Wir haben bei + 1.5° R. ein so starkes Schneegestöber, daß die Arbeiten auf dem Eise um 9½ Uhr V. M. eingestellt werden müssen.
12. Heute werden große Eisstücke ausgesägt und die am Bord erzeugte Eissäge um 2½ Fuß verlängert.
13. Um 4½ Uhr Früh wird ein Eisbär erlegt.
15. Die Eisarbeiten werden mit dem größten Eifer von Früh bis Abend fortgesetzt, doch werden die Schichten, je näher wir zum Schiffe rücken, immer dicker.
16. Beim Eisschneiden brach die neuerzeugte Säge in der Weise, daß der arbeitenden Mannschaft ein Drittel des Werkzeuges in den Händen blieb, während der Rest ins Wasser fiel. Da die Eisarbeiten nicht stocken dürfen, wird neuerdings aus den Kohlendepots ein Blech herausgebrochen und wacker darauf losgearbeitet; so daß die neue Säge um 2 Uhr Nachts fertig daliegt.
17. Bei den heutigen Eisarbeiten wurde eine sehr starke Pulvermine mit einer Hülse aus Eisenblech fliegen gelassen, ohne jedoch einen besonderen Erfolg zu erzielen.
18. Der im Winter in ein Wasserloch vergrabene Neufoundländer-Hund Bob kömmt beim Eisgraben plötzlich wieder zum Vorschein, mußte daher mit einem Steine erschwert, versenkt werden.
21. Das Schiff taucht vorne nur mehr 7', Achter 7¾' und wird täglich fast um ½'' gehoben.

Aus 2 Stück Reserve-Rundhölzern wird ein Bock errichtet, dessen Füße zu beiden Seiten des Schiffes auf dem Eise eingestemmt und dessen Kreuzpunkt auf $^2/_3$ der Höhe des Großmastes angesorrt wird.

22. Backbord längs des Schiffes ist im Eise bereits ein Canal herausgesägt, gegen den Bug jedoch, wo das Eis noch immer eine Dicke von 10—12′ hat, muß mit einem langen Eismeißel gearbeitet werden. Rings um das Schiff herum sieht man größere und kleinere Süßwasserteiche, was uns sehr gut zu statten kömmt, weil wir aus demselben unseren Bedarf an Trinkwasser decken und dasselbe auch zum Waschen der Wäsche benützen können, ohne das langweilige Schmelzen des Schnees und Eises abwarten zu müssen.

24. In südlicher Richtung hört man fernes Eisschieben. Die beiden Fangboote werden in das bereits beim Schiffe befindliche freie Wasser geschoben.

25. Heute Früh wird mit beiden Eissägen ein großes Stück Eisflarde herausgesägt und seitwärts des bereits ausgearbeiteten Bassins mittelst Eisanker festgelegt.

Tischler Becerina leidet noch immer stark an Rheumatismus.

26. Wir sind mit dem Sägen des Kanales Backbord bis zum Fallrepp hinausgekommen, beim Heck wurde mit langen Eismeißeln gearbeitet.

Um 4 Uhr N. M. mußte das Schiff frisch verstützt werden, indem bei der herrschenden Temperatur

(Mittag + 6.5° R.) das Eis am Fuße der Stützen abthaut.

28. Zur Entlastung des Schiffes werden 25 Tonnen Steinkohlen, Steuerbord aufs Eis ausgeschifft. Die Krankheit des Becerina verschlimmert sich von Tag zu Tag und erstreckt sich sein Leiden bereits auf beide Füße, so daß er das Bett nicht mehr verlassen kann.

29. Heute Früh konnte wegen eingetretenen starken Regen im Eise nicht gearbeitet werden, und wird die freie Zeit dazu benützt, um das durch die angestrengte Eisarbeiten sehr heruntergekommene Schuhwerk in Stand zu setzen. Da N. M. der Regen etwas nachgelassen, werden die Eisarbeiten fortgesetzt.

August 1873.

1. Ich erzeuge Blechbüchsen für Pulverminen.
N. M. wurden Temperatur-Messungen des Wassers vorgenommen.

Um $3\frac{1}{4}$ Uhr kommen 2 Bären, ein Weibchen mit seinem Jungen, in die Nähe des Schiffes und wurden erlegt.

2. Heute Abends bringt uns der Bordarzt die traurige Nachricht, daß der Tischler Becerina an Scorput erkrankt sei und sind die Symptome dieser gefährlichen Krankheit dießmal nicht nur am Zahnfleische, sondern auch am Körper, an dem sich hin und wieder Knoten bilden, ausgebrochen. Niemals kam uns frisches Fleisch so gut zu Statten, wie durch die gestern erlegten 2 Bären! —

3. Einige von der Mannschaft machen einen Ausflug zu einem etwa 3 Seemeilen entfernten Eisberge, welcher vom Schiffe aus gesehen, eine schwarze Farbe hat. In einer Süßwasserlacke dicht beim Schiffe stieß ein Seehund ein Loch von etwa 2½ Fuß Tiefe in das Eis; worin er verschwand, ohne wieder zum Vorschein zu kommen.

Die Leute kehren ohne Erfolg von ihrer Exkursion zurück, weil sie durch mittlerweile eingetretenen, dichten Nebel ihr Ziel außer Sicht bekamen.

4. Um 10 Uhr Vormittag wurde eine Eisbärin erlegt.

Das Befinden des Tischlers hat sich etwas gebessert.

5. Außer in Nord sind ringsum Sprünge im Eise sichtbar und rücken jene von Süd und S. W. immer näher gegen das Schiff. In westlicher Richtung ist Eisschieben hörbar.

Ich erzeuge ein 10′ langes Ventilationsrohr aus Büchsenblech, um selbes über das Winterzelt hinauszuführen.

7. Am Bug des Schiffes wurde ein großes Eisstück losgesägt, wobei mächtige Blöcke untergeschobenen Eises an die Oberfläche des Wassers kamen.

8. Die Stützen in der Mitte des Schiffes wurden abgenommen und in die Nähe des Kreuzmastes versetzt.

Ein Matrose erlegte eine Schnepfe, welche noch unverdaute pflanzenartige Stoffe im Magen hatte.

10. Wir haben jetzt häufiges Nebelreißen mit abwechselndem, oft ziemlich starkem Regen. Die Beschu=

hung leidet durch die forcirten Eisarbeiten sehr stark.

11. Nachmittag wurde ein Bär erlegt. Das Befinden unseres Tischlers hat sich sehr gebessert.
14. Die Kalfaterung außerbords bis auf 5′ Tauchung Achter und 8¼′ Vorne wurde untersucht und ergab, daß sich dieselbe in vollkommen gutem Zustande befindet.
15. Der Tischler ist bereits so weit hergestellt, daß derselbe auf Deck leichte Arbeiten verrichten kann.

Es werden Tiefen=Temperatur=Messungen vorgenommen.

16. Der 24. Bär wurde Nachmittag erlegt.
18. Heute am Geburtsfeste S. M. des Kaisers wird die seidene Flagge gehißt und ein Diner veranstaltet, wozu auch der Bootsmann und Harpunier beigezogen werden. Um 10 Uhr Vormittags wurde die Kiste mit Geschenken, welche uns die Herren Officiere der k. k. Kriegsmarine zu diesem Tage gewidmet haben, geöffnet und deren Inhalt vertheilt, wobei wie zu Weihnachten Niemand vergessen war.

Unter Anderem fanden sich 5½ Flaschen Champagner vor, welche uns aus dem Grunde doppelt willkommen waren, weil wir keine einzige Flasche solchen Weines mehr an Bord hatten.

Das Diner begann um 2½ Uhr Nachmittag und endete um 5 Uhr Abends. Bei demselben brachte Commandant Weyprecht einen Toast auf das Wohl S. M. unseres Kaisers und einen zweiten auf die mildthätigen Spender des Champagner aus.

19. Das Schiff neigt sich täglich mehr nach vorne, um sich Achter zu heben, so daß zu erwarten steht, es bald ins Wasser gleiten zu sehen.

Die Beschaffenheit des Eises in der Umgebung des Schiffes hat sich nicht merklich geändert und hin und wieder entstehende Sprünge öffnen und schließen sich nach Maßgabe der vorherrschenden Winde. Der nächste große Sprung ist beiläufig 2½ Seemeilen vom Schiffe entfernt, und machten die Herren Weyprecht und Orel heute Nachmittag einen Spaziergang dahin. Bei ihrer Rückkehr erzählten sie, in dem Sprunge zwei Seehunde gesehen zu haben.

21. Die seit einigen Tagen gemachten Lothungen zeigen eine immer geringere Tiefe zum Meeresgrunde, so daß das heute gehobene Schleppnetz schon auf 130 Meter Schlamm und Schotter zu Tage förderte. Es werden Schlittenkufen für die Boote erzeugt. Der Gesundheitszustand der ganzen Schiffsbemannung ist höchst befriedigend.

23. Die Eisarbeiten auf Steuerbord werden fortgesetzt. Gestern war es gerade ein Jahr, daß wir vom Eise besetzt worden sind und auch heute ist die Hoffnung, noch vor dem Winter frei zu werden, eine sehr geringe, denn die Eismassen liegen, ohne ihre Consistenz merklich zu verändern, noch immer dicht gepackt aneinander.

26. Die Temperatur sinkt merklich und variirt heute das Thermometer zwischen $+ 1\cdot6^0$ R. auf —

1·2º R. bei leichtem, mit Regen abwechselndem Schneefalle.

Das Schiff taucht vorne 10½, Achter nur 4½ Fuß, und steht in Folge dessen so schief, daß wir uns in den Betten mit dem Kopfe gegen Achter legen müssen.

27. Schnee und Regen wechseln ab und ist die Takelage mit Eiskrusten förmlich überglast. Von Abends 10½ Uhr bis 3½ Uhr Früh fällt anhaltender Regen und lösen sich in Folge dessen große Stücke Eis von den Masten ab, welche die Wachhabenden auf Deck arg bedrohen.

29. Wir haben Nebel und Regen bei + 0·7º R. auf − 2·6º R. Die Mannschaft klopft mit Stöcken das sich in der Takelage gebildete Eis ab. Auch die heutige Lothung ergab bei Schlammgrund nur 132 Meter Tiefe.

30. Heute scheint sich das Wetter freundlicher gestalten zu wollen; denn besonders im Zenith heitert es sich immer mehr aus.

Plötzlich um 2½ Nachmittags entdeckten wir in nordöstlicher Richtung auf eine Entfernung von etwa 30 Meilen ein neues Land, welchem wir sofort den Namen Franz-Josefs-Land, mit dem Becher in der Hand unter dreimaligem, begeistertem Hurrahrufe beilegten. Da man es weit nach Nord und West mit dem Auge verfolgen kann, werden von den hervorragendsten Bergen und Landspitzen sofort einige Peilungen genommen.

Oh! welch' unaussprechlich seliges und erhabenes Gefühl ist es nicht, nach 11 Monaten, die in ihrem Schoße so fürchterliche Ereignisse und Erfahrungen bergen, endlich wieder einmal, wenn auch unbewohntes Land schauen und begrüßen zu können. Da dies bisher unentdecktes Land ist und ein hochwichtiger Erfolg unserer Expedition hiedurch erreicht wurde, ist unsere Freude und selige Aufregung in diesem Momente eine allgemeine, ja eine kaum zu schildernde!

31. Um 2 Uhr Nachmittags hob sich der Nebel, der uns bis dahin unser Aller Herzenskind in so tückischer Weise verhüllte, und zeigte sich uns nach und nach eine von W. N. W. nach Nord reichende ausgedehnte Küstenstrecke, deren nächster Punkt etwa 25 Meilen entfernt liegt.

Nach der vorgenommenen astronomischen Beobachtung befinden wir uns heute 79° 42' Nord und 59° 34' Ost von Greenwich.

September 1873.

1. Heute haben wir bei einer Temperatur von — 0·1° auf — 3·9° R. Schneegestöber, dann Regen, der Alles mit einer ½" Eiskruste überzieht.
2. Das Land tritt ziemlich deutlich hervor und werden weitere Peilungen genommen.

Eine Partie von 8 Mann unter Payer's Führung ging mit einem mit 15 Centnern beladenen Schlitten zur Uebung gegen die Waacke in S. O. ab.

Auch ein Fangboot mit 4 Mann geht nach dieser Waacke auf die Jagd. Beide Partien kehren um 6 Uhr Abends zurück und bringen eine kleine Steinrobbe als Beute mit. Der Schlitten bewährte sich bis auf einige Kleinigkeiten sehr gut und wurde seine Elastizität, mit welcher derselbe nach Schlangenart über die Eishöcker hinwegsetzt, besonders gelobt.

3. Bei der Lothung wurde erst auf 212 Meter Schlammgrund gefunden. Sonderbar erscheint es, daß die Meerestiefe, ungeachtet wir uns dem Lande immer mehr nähern, jetzt zunimmt. —

In Folge der fallenden Temperatur ist der ausgesägte Kanal bereits wieder mit 2″ dickem neuem Eise bedeckt, welches uns verkündet, daß wir auch den kommenden Winter in See werden zubringen müssen. Zum Troste wird auf dem Jungeise fleißig Schlittschuhe gelaufen.

4. Von dem Lande, an dem unsere Augen noch immer unverwandt hängen, kommen hie und da große Gletscher in Sicht. Um 9 Uhr Abends wird der 25. Bär mit schönem Winterfelle erlegt.

6. Eine Partie der Mannschaft arbeitet an der Erzeugung von Tragsäcken für die Landreisen, die andere führt Eisstücke zur Herstellung einer Treppe unter Bord herbei. Südwestlich von dem schon bekannten Landestheilen tauchen neue Caps und Gebirgskämme auf, von denen Peilungen genommen werden.

7. Matrose **Falle** sich erkrankt plötzlich an Scorbut, und stellen sich Krämpfe ein, die ihm das Aufathmen sehr erschweren.

   Das Zahnfleisch zeigt eine auffallende, schwammige Beschaffenheit.

9. Nachmittags wird das Segeltuchboot auf die südlich gelegene Waacke mittelst Schlitten gebracht und eine Jagd auf Seehunde veranstaltet. Die Partie kehrt um 8 Uhr Abends am Bord und bringt zwei mittelgroße, fette Seehunde und mehrere junge Eismöven zurück, welch' letztere nach Art von Wildenten zubereitet, köstlich schmecken.

10. Das Segeltuchboot wurde wieder zur Waacke geschleppt und gejagt. Auch diese Excursion lieferte zwei mittelgroße Spring-Robben. Das Boot wurde, um den Rücktransport zu vermeiden, in der Nähe der Waacke in Sicherheit gebracht.

11. Um 2 Uhr Nachmittags gehen die Jäger zur Waacke, während ich erst um 5 Uhr folgen konnte. Bei meiner Annäherung an die Waacke höre ich ein lautes Geschrei und entnehme wie Herr **Payer** von einer Bärin, unterstützt von zwei ziemlich ausgewachsenen Jungen angegriffen wird. Er streckte mit einem wohlgezielten Schuße die Bärin zu Boden, worauf die zwei Sprößlinge Reißaus nahmen.

    Um 1 Uhr Nachts kamen die zwei jungen Bären dicht unter Bord, wahrscheinlich um ihre, bei uns wohlgeborgene Mutter zu suchen. Der auf Wache befindliche Mann feuerte alle geladenen Gewehre auf dieselben ab, verwundete jedoch nur einen Einzigen. Herr Payer durch das Schießen geweckt, kam auf Deck und erlegte Einen davon, während der Verwundete durchbrannte. Um 3 Uhr kam abermals ein Bär, wahrscheinlich der Herr Gemal der heute erlegten Bärin unter Bord, und wurde vom Schiff aus erschossen.

Es ist dies das größte Exemplar, das wir bis jetzt bekamen, denn es mißt 2 Meter und 45 Centimeter, hat einen kolossalen Umfang und wiegt zwischen 8 und 9 Centnern. Er trägt in unserer Jagdliste die Nr. 28.

13. Für den Fall, daß das Schiff bei dem eintretenden Winter zerdrückt würde und verlassen werden müßte, wird schon dermalen die Vorsorge getroffen, daß Lebensmittel im Totalgewichte von 15000 Pfd. theils im Raume, theils auf Deck so gestaut werden, daß dieselben augenblicklich herausgeschafft werden können. Bei der heutigen Jagd an der Waake wurde ein Seehund von mittlerer Größe geschossen.

15. Das heute gehobene Schleppnetz brachte aus einer Tiefe von 111 Meter Korallen und ganz neue Thierformen herauf.

Die heutige Jagdpartie bringt drei Seehunde und mehrere Möven an Bord.

16. Die heutige Jagdpartie war von besonderem Glücke begünstigt, indem ihr 7 Seehunde, worunter zwei trächtige Weibchen und 18 Möven in die Hände fielen.

17. Ueber dem Lande ist es heiter geworden, so daß man einzelne Partien desselben recht deutlich sehen kann. Die Hundehütten werden für den nahenden Winter mit Stroh austapezirt.

22. Die heute ausgezogene Jagdpartie brachte 9 Seehunde verschiedener Größe zurück.

23. Die Kälte nimmt wieder bedeutend zu und variirte heute das Thermometer von — $8·2^0$ R. auf — 10^0 R. Das heitere Wetter erlaubt uns an der sichtbaren Partie des Landes mehrere Peilungen zu nehmen. Auch heute wurden 6 Stück Robben und 2 Taucher geschossen.

24. Nachmittag war ziemlich starkes Schneetreiben; eine Partie des Landes ist sehr gut in Sicht. Im Propeller=Brunnen wurde Schnee zum Schutze der Achse aufgehäuft.

26. Die Luft füllte sich Morgens mit Eiskristallen, worauf Schneetreiben folgte, und zwei farbige Nebensonnen sichtbar wurden.

Die Mannschaft baut außer Bord Aborte aus Eisstücken.

27. Bei Sonnenaufgang waren zwei Nebensonnen sichtbar. Gegen Abend tritt das Land deutlich hervor.

Herr Pospischil erkrankt an Lungenkatarrh.

28. Wir haben leichten Schneefall und Frostdampf. Es kömmt ein Schnee=Zeisig auf Deck geflogen, ist sehr zutraulich und pickt das ihm von den Matrosen gestreute Futter gierig auf, wird aber von den Hunden verscheucht, unter denen sich natürlicher=

weise der unverschämte Lappenhund Sumbu hervorthut.

Nachmittag machen einige Leute einen Ausflug an den Nordrand unserer Scholle.

Oktober 1873.

1. Nachdem sich die in Süd gebildete Waacke geschlossen hat, wird ein Theil der Mannschaft dahin abgesendet, um das Segeltuchboot an Bord zu bringen, kehrt aber ohne Boot um 7 Uhr Abends zurück.
2. Um 9 Uhr Früh geht abermals eine Expedition zur Aufsuchung des Segeltuchbootes ab und kömmt um 1 Uhr Nachmittag mit demselben zurück.

    Dasselbe war bereits in großer Gefahr, indem es durch die dort stattgefundene Eisbewegung bereits zwischen aufgethürmte Eisblöcke gerathen war, ohne jedoch Schaden zu nehmen.

    Auch wir verspürten gegen Mittag am Bord einen leichten Stoß und da wir nach der Ursache dieser Erscheinung fahndeten, fanden wir einen leichten Sprung im Eise, welcher sich Backbord zwischen dem Groß- und Fockmaste zum Schiffe verlief.

    Nachmittag werden die Pelzkleider und Schneestiefel aus dem Depot geholt und an die Mannschaft vertheilt.
3. Es wird an den Vorbereitungen für den Fall einer plötzlichen Ausschiffung gearbeitet und die betreffenden Rollen neuerdings verlesen.

    Die Cajütenlampe muß bereits um 6 Uhr angezündet werden.

Auch heute wurden zeitweise leichte Stöße verspürt, welche von den sich zusammenziehenden eisernen Schiffsbolzen herrühren mögen.

4. Zur Feier des Namensfestes S. M. des Kaisers haben wir großes Diner, wozu der Bootsmann und Harpunier geladen werden.

Von dem für den 18. August erübrigten Champagner wird eine Flasche geöffnet und bringt Commandant Weyprecht einen Toast auf das Wohl des Kaisers aus. Herr Orel war auch heute so freundlich, uns mit einem guten Strudel zu erfreuen.

5. Um 7 Uhr Früh wurde ein großer Eisbär erlegt. Wir sind heute 450 Tage in See.

Bei Nacht zeigen sich einzelne Nordlichtbüschel.

6. Die Temperatur ist heute bis auf $-12·3°$ R. gefallen. Um 9 Uhr Vormittags überfiel mich ein Lungenkrampf, der mich nöthigte, mich sogleich in meine Koje zu begeben. Der Krampf währte etwa eine Stunde und litt ich fürchterliche Schmerzen. Dr. Kepes verschaffte mir durch Verabreichung zweier Pulver einige Linderung.

7. Der Sprung in Süd ist dem Schiffe bis auf 180 Schritte nahegekommen und thürmt bei jedesmaligem Zusammengehen große Massen Eis auf.

Heute wurden die Arbeiten an allen 3 Boots-Transport-Schlitten beendet.

8. Das Eis ist um das Schiff herum auf Entfernungen zwischen $½$ und 3 Kabeln gesprungen. Die Mannschaft arbeitet an der Erzeugung von Ziehgurten für Schlitten.

9. Die Sommerkleider der Mannschaft werden deponirt. Im Sprunge Ost wird eine Robbe (focca barbata) entdeckt und geschossen.

Die Sonne spendet uns ihr Licht immer spärlicher; bald werden wir ihr auf 4 Monate Lebewohl sagen müssen.

Matrose Lucinovich bekam einen neuen Anfall von Herzkrampf. Als ihn die Matrosen zum Mittagessen riefen, lag er bewußtlos in seiner Koje. Der allsogleich herbeigerufene Arzt brachte denselben nach kurzer Zeit wieder zur Besinnung und mußten, um dem Kranken wieder zum Athmen zu bringen, künstliche Respirationsmittel angewendet werden.

Mein Zustand bessert sich zwar, doch darf ich die Cajüte noch nicht verlassen.

10. Commandant Weyprecht erlegt zwei Robben im östlichen Sprunge.

Lucinovich ist am Wege der Besserung, dagegen ist Tischler Vecerina noch immer kränklich und scheint seit einiger Zeit geisteskrank zu sein. Er will nämlich ungeachtet alles Zuredens oft tagelang keine Nahrung zu sich nehmen und muß nun unter Aufsicht des Arztes seine Mahlzeiten einnehmen.

12. Die Cajütenlampe muß bereits um $3\frac{1}{2}$ Uhr angezündet werden; auch beginnt in Folge der immer tiefer werdenden Temperatur das Gepolter im Schiffskörper, so daß wir oft in der Nacht durch die starken Detonationen aus dem Schlafe geweckt werden.

13. In der Nacht war Eisbewegung in nördlicher Richtung deutlich vernehmbar.

Heute ist der Jahrestag, an dem unser Schiff das erste Mal in großer Gefahr schwebte.

14. Heute hatten wir schon eine Minimal-Temperatur von — 19° R. — Um Mitternacht war ein schöner Ring um den Mond sichtbar.

Das vor uns liegende Land ist klar und scharf in seiner ganzen vor uns liegenden Ausdehnung in Sicht.

15. Das Eis kam heute auch in unserer Nähe in Bewegung und entstand ein ziemlich starkes Eisschieben, wobei sich die Blöcke vor unseren Augen hoch aufthürmten; zahlreiche, jedoch nicht intensive Nordlichter sind sichtbar.

16. Es bilden sich zahlreiche Sprünge im Eise, welche Pressungen und Eisaufthürmungen zur Folge haben. In Süd ist ein kolossaler Eisberg in Sicht. Abends war ein schönes intensives Nordlicht von gelblich weißer Farbe sichtbar.

17. In N. O. kommt ein großer Eisberg zum Vorschein. Der Sprung in Ost hat sich zu einer breiten Waacke erweitert.

18. Die Mannschaft fängt an, das Schiff für den Winter außerbords mit Schnee zu verkleiden. Die Bordschmiede und der Ambos werden auf die Dauer der Polarnacht in den Kesselraum geschafft und dort aufgestellt.

19. Bei Sonnenaufgang war eine linksseitige Nebensonne sichtbar, die sich bis Mittag erhielt.

20. Unsere Scholle mit dem Schiffe dreht sich von mißw. W. z. W. bis nach mißw. W.³/₄ Nord. Das festgefrorne Steuerruder wird ausgegraben und am Heck gehißt. Ich versuche aus unbrauchbar gewordenen Zinntellern Löffeln zu gießen, die aber, da wir am Bord keinen feinen Sand haben, leider viel zu rauh ausfallen. Zur Erzielung eines günstigeren Resultates lasse ich mir von Klotz eine hölzerne Form schnitzen.

Die Sonne hat heute für dieses Jahr von uns Abschied genommen und beginnt wieder die lange Polarnacht. Das Scheilicht Achter wird abgenommen, mit Bretern luftdicht verschlossen und die Cajütenlampe nicht mehr ausgelöscht. Wir treiben nach Süden, wodurch wir das am 30. August zuerst entdeckte Cap wieder in Sicht bekommen. Ein mattes Nordlicht scheint durch den Wolkenschleier.

22. Mittags kam noch ein schmales Segment der Sonnenscheibe über den Horizont, um gleich darauf wieder zu verschwinden.

Die Raaen und Stengen werden gestrichen.

23. Wir befinden uns auf 79° 44·5′ Nord und 59° 44·6′ Ost von Greenwich. Nachts breiten sich am Firmamente Kronen bildende Nordlichter von prismatischen Farben aus.

25. Das Befinden des Tischlers Becerina ist nicht das Beste; indem derselbe immer tiefsinniger wird, und so mißtrauisch ist, daß er die ihm vom Arzte gegebenen Medikamente nicht gebraucht, diese in seiner Coje versteckt und später behauptet selbe genommen

zu haben. Dasselbe gilt vom Essen. Von seinen Kameraden über sein sonderbares Benehmen zur Rede gestellt, beharrt er in der fixen Idee, daß er sterben müsse und ihm daher weder Speise noch Medizinen nützen können. Er wird daher wieder unter ärztliche Aufsicht gestellt und muß in Gegenwart des Doktors essen und die Medikamente nehmen.

26. Die Temperatur fiel heute bis auf — 20.3° R. Unser armer Tischler Becerina bekam Herzbeutel-Wassersucht und liegt schwer krank darnieder.

27. Mittags haben wir starke Dämmerung und liegt das Land klar und in seinen scharfen Contouren vor uns.

Um 9½ Uhr wurde der 30. Bär erlegt.

28. Um 4 Uhr 40 Minuten Früh erscheint knapp an der Wega ein hellrother Meteor, der sich langsam verblassend, in vollkommen horizontaler Richtung bis über die Casslopea hinzieht, wo er verschwindet; um 3½ Uhr Nachmittags erscheint ein schmales röthlich-gelb gefärbtes Nordlichtband von Ost nach West über den Zenith ziehend.

Ein Bär kömmt in die Nähe des Schiffes, wird verwundet und geht davon.

29. Der gestern Abends verwundete Bär wurde heute Früh auf eine Seemeile vom Schiffe aufgetrieben und erlegt. Er hatte eine große Blutlache um sich, und mußte in Folge seiner am Kopfe erlittenen Verwundung die Nacht hindurch große Schmerzen gelitten haben.

7.

Heute Abend ist ein, die ganze Südhälfte des Firmamentes bedeckendes, einen schönen Faltenwurf bildendes Nordlicht sichtbar.

30. Während der Nacht wüthete heftiger Wind, der sogar den hartgefrornen Schnee aufwühlte und denselben in hohe Schichten aufstaute.

In Nord und Ost kömmt eine ganze Front großer Eisberge in Sicht, die sich scheinbar gegen S. O. bewegen.

31. Gegen 11 Uhr Mittags lichtet sich der Horizont und präsentiren sich in N. W. auf eine ganz kurze Entfernung schroffe nackte Felsen=Abstürze, die scharf markirt aus dem übrigen schneebedeckten Landestheile hervortreten.

November 1873.

1. Die Temperatur wechselt zwischen — 17.5⁰ R. auf — 21⁰ R. Um 9 Uhr Früh geht unter Führung des Herrn Payer eine kleine Expedition in der Richtung gegen das vorliegende Land ab. Nach einem kaum ¼ stündigen Marsche gelangte dieselbe auf eine schöne, gerade Eisfläche, die bis zum Fuße des Landes führte, welch' letzteres sofort betreten wurde. Um 11 Uhr verließen auch Commandant Weyprecht mit Herrn Brosch das Schiff, erreichten um Mittag das Land und kamen um 1 Uhr zurück. Es ist dies ein mit Schnee und einer dünnen Eiskruste bedecktes, ödes Polarland. Das Gestein, aus dem die Felsen bestehen, ist Dolerit.

2. Um 8 Uhr Früh ging eine zweite Expedition, der ich mich auch anschloß, ans Land.

Herr Payer mit der österr.=ungar. Flagge in der Hand, nahm im Namen Sr. Majestät des Kaisers Franz Josef das Land in Besitz; worauf von der Expeditions=Mannschaft eine Gewehrsalve abgegeben wurde. Hierauf wurde auf diesem Land=vorsprunge, welchem der Name „Cap Wilczek" beigelegt wurde, eine Steinpyramide aufgebaut und im Inneren derselben ein in einer Blechbüchse ver=wahrtes Dokument deponirt.

Das Dokument lautet:

„Oesterr.=ungarische arktische Expedition, Yacht Vice=Admiral Tegetthoff."

„Nach unserer Trennung vom Slôp „Isbjörnen" am 21. August 1872, drangen wir noch 15 Meilen in nordöstlicher Richtung vorwärts, fanden hier das Eis fest geschlossen und blieben in der Nacht vom 21. auf den 22. August fest im Packeise auf 76° 27′ Nord bei 61° 49′ Ost von Greenwich. Seit dieser Zeit trieben wir je nach der Wind=richtung. Vom 13. Oktober bis Mitte Februar brach das Eis immer wieder auf und das Schiff be=fand sich in fortwährender Gefahr zerdrückt zu werden. Bis Anfang Februar 1873 trieben wir hauptsächlich in nordöstlicher Richtung und erreichten unseren östlichsten Punkt mit 73° 7′ Ost von Greenwich auf 78° 45′ Nord. So lange wir die Küste von Novaja=Semlja in Sicht hatten, lag das Eis bis unter Land so dicht, daß ein weiteres

Vordringen unmöglich gewesen wäre. Seit Februar dieses Jahres sind wir oberhalb des 79. Breitegrades westlich zurückgetrieben und haben das Ländergebiet, zu welchem dieser Punkt gehört, zum ersten Male am 30. August gesichtet. Wir sind bis zum 80. Breitegrad hinaufgetrieben und haben von da aus in nördlicher Richtung noch eine Fortsetzung des Landes gesehen, die sich bis über den 81. Breitegrad erstrecken dürfte. Gegen West haben wir dasselbe gleichfalls auf etwa 50 Meilen gesichtet. Jetzt liegen wir 3 bis 4 Seemeilen S. S. O. von dem Puncte, auf welchem dieses Dokument deponirt ist. Unser weiteres Schicksal hängt gänzlich von den Winden ab, denen gemäß das Eis treibt."

„Bis jetzt war es uns unmöglich eine Meeresströmung nach irgend einer Richtung zu constatiren."

„Mit Ausnahme des Zimmermanns Becerina ist unser Gesundheitszustand ein befriedigender."

„Im Frühjahre kamen einige leichte Fälle von Scorbut, im vergangenen Monate einige hartnäckigere vor. Becerina ist stark von demselben behaftet, jedoch nicht hoffnungslos. — Das Schiff befindet sich trotz der starken Eispressungen, die es ausgehalten hatte, in vollkommen gesundem Zustande, liegt jedoch derart, daß es sehr fraglich ist, ob wir dasselbe wieder freiarbeiten können. — Die Tauchung vorne ist 12', Achter 4½'. Bis zum Großmaste ist der Kiel frei, unter dem Achtersteven liegt jedoch das Eis 27' dick. Während des Sommers haben wir 5 Monate lang, vergeblich gearbeitet. Im Laufe des nächsten Jahres kann es möglich sein, daß mindestens ein Theil von uns das Schiff verläßt. Sollten wir während des Winters in nördlicher Richtung treiben, so wird dies wahrscheinlich der Fall sein. Ein weiteres Jahr wird die ganze Schiffsbemannung nur dann an Bord zubringen, wenn der Gesundheitszustand im Frühjahre ein vollkommen befriedigender und die Aussicht vorhanden ist, gegen Süden vorwärts zu kommen."

„Das ganze von uns gesichtete Ländergebiet haben wir gemäß dem Rechte der ersten Entdeckung mit dem Namen „**Kaiser Franz-Josefs-Land**" belegt."

„Am 1. November 1873."

Payer m. p.   **Weyprecht** m. p.

3. Die Temperatur variirt zwischen — 20·6⁰ R. auf weniger 22·5⁰ R. bei schönem heiteren Wetter.

Um 6½ Uhr Früh kam ein Bär dicht an das Schiff heran und fraß an den am Eise liegenden, noch unabgespeckten Robbenfellen.

Es wurden einige Schüsse auf denselben abgefeuert, der kecke Schelm kam jedoch wie es scheint, ganz unverwundet davon.

Kurz nach Mittag wird ein 2.37 Meter langer, männlicher Bär in der Nähe des Schiffes erlegt.

Die Herren **Payer** und Dr. **Kepes** kommen von einer Land-Excursion um 4 Uhr Nachmittags zurück.

Um 6 Uhr Abends kömmt, wie es den Anschein hat, der heute Früh vertriebene Bär gegen das Schiff und läuft, gerade wie ein Pferd zur Krippe, auf die Robbenfelle los. Diesmal jedoch mußte aber Freund Petz seine Keckheit mit dem Leben bezahlen.

Es war ein Männchen, 2·39 Meter lang und sehr gut genährt.

Gegen Mitternacht passirte abermals ein Bär den Nordrand unserer Scholle, kam jedoch nicht zum Schusse.

4. Herr **Payer**, Bootsmann **Lusina** und zwei Matrosen, gehen um 8½ Früh gegen das Land, kehren jedoch wegen zu starken Schneetreibens um 10 Uhr wieder an Bord zurück.

Es wird noch immer an der Schneeverkleidung des Schiffes gearbeitet und da sich der Schnee jetzt in Quadern stechen läßt, erzeugte ich, da die schwachen, eisernen Kohlenschaufeln bereits alle gebrochen sind, ein starkes schaufelartiges Instrument für diesen Zweck.

Bald nach 6 Uhr Nachmittags begann eine Mondesfinsterniß, die nahezu total wird. Leider konnte diese Beobachtung nicht ganz vollendet werden, weil sich Wolken dazwischen schoben.

Abends 9 Uhr 35 Minuten endet die Mondesfinsterniß und wird ein oberer und ein rechtsseitiger, weißlich gefärbter Nebenmond, ersterer schwach, letzterer heller, mit Andunstungen eines Kreises um den Mond herum, sichtbar.

6. Herr Payer macht in Begleitung einiger Matrosen einen Ausflug gegen den Nordrand des vorliegenden Landes, und berichtet bei seiner um 5 Uhr erfolgten Rückkehr, daß dieses eine Insel von großem Umfange sei.

7. Herr Payer geht auch heute mit 2 Mann vom Bord, um diesmal den Westrand der nahen Insel zu betreten und kehrt um 4 Uhr Nachmittags zurück.

Ueberhaupt bergen diese Entfernungen vom Schiffe die Gefahr in sich, daß sogar bei Windstille ein Sprung im Eise entstehen kann, welcher unserer Scholle von den von Bord Abwesenden trennen und bei der jetzt herrschenden Finsterniß das Aufsuchen der außerhalb unserer Scholle Befindlichen sehr in Frage stellen kann. Aus diesem Grunde dürfen sich solche Excursionen bei dieser Jahreszeit nur auf kleine Entfernungen und dies nur auf ganz kurze Zeit beschränken.

10. Es wird der Bau eines Schneehauses für magnetische Beobachtungen in Angriff genommen.

Es ist bereits wieder so finster, daß man zu Mittag 50 Schritte Entfernung außerbords auch die größten Gegenstände nicht mehr ausnehmen kann.

11. In östlicher Richtung scheint offenes Wasser zu sein, da sich daselbst ein ziemlich weit erstreckender Wasserhimmel ausbreitet.

12. Die Temperatur variirt zwischen — 14.1° R. auf — 22° R. — Um Mittag wird es mondhell mit einem stark rothgefärbten Dunsthofe; grünlich-weiße Nordlichtstreifen und Bänder zu beiden Seiten des Zeniths in der Richtung von O. nach W. sind sichtbar.

Um 6 Uhr Abends zeigen sich 3 Nebenmonde; außerdem senkt sich ein heller Luftstreif perpendikulär vom Monde auf den Horizont, — bei starkem Sternschnuppenfall.

13. In Folge der Mittags eingetretenen starken Dämmerung wurden einige Felsen des nahen Landes sichtbar.

Tischler Becerina ist soweit hergestellt, daß er das Bett verlassen und sich auf einen seiner Gefährten gestützt, in der Mannschafts-Cajüte bewegen kann.

14. Da der Bau des Schneehauses beendet ist, wird zu der Errichtung eines zweiten geschritten.

Im ersten wird mit der Systemisirung der hölzernen Instrumentenständer begonnen.

15. Es ist bedeckter Himmel bei leichtem Schneefall und herrscht um Mittag eine solche Finsterniß, daß die Boote, welche auf etwa 15 Schritte vom Schiffe am Eise liegen, nicht mehr ausgenommen werden können.

Abends ist das Schneehaus Nr. 2 fertig geworden.

18. Die beiden Schneehäuser wurden mit Thüren versehen und die Installirung der Instrumentenständer beendet.

Um 9 Uhr Abends wurde der 34. Bär vom Schiffe aus erlegt.

19. Die Temperatur schwankt zwischen -27.6^0 auf -31.3^0 R.

Die Tiroler bauen ganz in der Nähe des Schiffes ein Schneehaus für die Hunde.

20. Um 12 Uhr Nachts zeigte sich plötzlich in Ost eine intensive Helle, die durch 3 bis 4 Sekunden fast Tageslicht verbreitete, um mit Blitzesschnelle sogleich wieder zu verschwinden. Diese interessante Erscheinung hatte mit unserem Wetterleuchten viele Aehnlichkeit.

22. Abends und die ganze Nacht hindurch bewegen sich hauptsächlich von Ost nach West herrliche Nordlichter, prismatische Farben spielend, und kömmt hiebei das nahe Land gut in Sicht.

23. Um 2 Uhr 45 Minuten Nachmittags erscheint ein halbweißer Meteor, der sich von α Auregal bis β ursa majoris fortbewegt, auf halbem Wege ins Violette spielt und einen langen, gelblichen Streif nachzieht.

24. Ich bekam einen abermaligen Anfall von Lungenkrampf und muß das Bett hüten.

Das Befinden der Mannschaft ist bis auf jenes des Tischlers ein befriedigendes.

25. Mein Zustand hat sich nicht gebessert, und fühle ich in der rechten Brusthälfte so heftige Schmerzen, daß ich zeitweise gar nicht zu Athem gelangen kann.
26. Backbord des Schiffes wird zur Vorsicht gegen etwaige Feuersgefahr ein Loch ins Eis gegraben und muß dasselbe jede Stunde frisch aufgehackt werden, da sich schon in diesem kurzen Zeitraume eine Eiskruste von ½—¾ Zoll Dicke bildet.
Ich befinde mich heute Etwas wohler.
27. Die Mannschaft arbeitet an der Ausbesserung ihrer Kleider und Schuhe.
Ich verließ heute das Bett und brachte den Vormittag in der Cajüte zu.
28. Nachts war es ganz heiter und sternhell und zeigte sich im Zenith eine fast constante Nordlicht=Corona.

Dezember 1873.

1. Die Lufttemperatur variirt zwischen — 19.3° auf — 24.1° R.
Die Temperatur des Wassers am Meeresgrunde auf 210 Meter Tiefe mißt bei einer Lufttemperatur von — 31·4° Cels. —1·5° Cels. nnd auf 3 Meter von der unteren Eiskante — 2·0 C. Das Schiff ist festgefroren und treibt auch bei dem herrschenden, heftigen Winde gar nicht.
2. Es herrscht schneedicke Luft, zeitweise fällt ganz feiner, staubförmiger Schnee.

Die Mannschaft fängt an, am Eise einen Schnee=
palast zu bauen; worin zu Weihnachten ein großes
Fest gefeiert werden soll.

4. Die Installirungsarbeiten der Instrumente für mag=
netische Beobachtungen wurden in beiden Obser=
vatorien beendet.

7. Nordlichter von schmutziggelber Farbe verbreiten
sich über das ganze Firmament und macht Herr
Payer mit 3 Mann und einem Hundeschlitten
eine Excursion gegen das Land, von der er um 6
Uhr Abends zurückkehrt.

Tiroler Klotz, welcher die Deckwache hatte, wurde
um 7½ Uhr Abends plötzlich vermißt, so daß mit
Hinblick auf die seit einigen Tagen an demselben
bemerkte Geistesstörung sofort mehrere Abtheilungen
nach verschiedenen Richtungen ausgesendet wurden,
um den Vermißten zu suchen. Um 9 Uhr wurde
Klotz im Sommeranzuge, das Gewehr am Rücken
tragend, auf den Eisfeldern promenirend gefunden,
an Bord gebracht und unter Aufsicht gestellt.

8. Klotz ist noch immer Etwas verwirrt und will
in seine Coje verkrochen, mit Niemanden sprechen.

9 Die jetzt folgenden Notizen sind nachträglich erst
am 26. Dezember geschrieben, und meistens dem
Bord=Journale entnommen, da ich plötzlich an
Lungenkrämpfen so schwer erkrankte, daß es mir
zur Unmöglichkeit wurde, mein Tagebuch in ge=
wohnter Weise täglich zu führen. —

10. Die Temperatur variirt zwischen — 19·0° auf
— 24·3° R. — Zum Schutze der Thüre des

magnetischen Observatoriums gegen den eindringenden Schnee wird ein Vorbau aufgeführt.

Von Süd heraufkommend zieht sich ein Nordlichtband gegen Nord über den Zenith, später stand ein constanter, matter Bogen über den Süd-Horizont.

13. Um 7 Uhr Abends ist über den ganzen Himmel ein so intensives Nordlicht sichtbar, daß das Land deutlich hervortritt und alle Gegenstände Schatten werfen.

14. Die Temperatur wechselt zwischen — 28·1° auf — 30· 8° R.

Um Mittag wurde Quecksilber auf Eis gestellt und war in 30 Minuten hart gefroren; als Abends die Temperatur Etwas stieg, wurde es biegsam wie Wachs.

15. In beiden Observationshäusern wird fleißig gearbeitet. Ich habe noch immer große Schmerzen; wozu sich Schlaflosigkeit, bei von Tag zu Tag zunehmender Schwäche gesellt.

16. Auf dem Eise werden Thermometer-Vergleiche in Weingeist gemacht, und zeigt der Normal-Thermometer — 30·9° R.

18. Kurz nach 11 Uhr zog ein hell glänzender Meteorid von der Mitte Auriga gegen S.W., etwa 6 Sekunden nach seinem Verschwinden einen sichtbaren Schweif nachziehend.

Der Schneepalast wird bei leichtem Schneefalle (feiner Eisnadeln) mit Bretern eingedeckt.

Ich befinde mich bei anhaltender Schlaflosigkeit etwas wohler.

21. Wie alle Sonntage verließ der Commandant die heilige Schrift und inspizirt hierauf die Mannschaftsräume. —
Mein Zustand hat sich abermals verschlimmert und leide ich fürchterliche Schmerzen in der rechten Brustseite.

23. Die Mannschaft dekorirt den Schneepalast. Ich kann bereits auf einige Stunden das Bett verlassen und mich in der Cajüte aufhalten. Leider gesellt sich zu meinem Leiden noch ein Fieber, welches mir den Appetit gänzlich raubt. Ich fühle mich sehr schwach; meine Füße tragen mich kaum mehr. —

24. Die Weihnachts=Geschenke werden ausgepackt und im Schneepalast auf den dazu zusammengestellten Tischen ausgebreitet.
Abends geht der Stab und die ganze Mannschaft in den Schneepalast, in welchem bei beleuchtetem Christbaume die Geschenke vertheilt werden. Ich konnte an diesem schönen und auf das Gemüth so wohlthuend wirkenden Feste leider nicht Theil nehmen, da ich gerade im Fieber lag.
Später war großes Festessen am Bord, wozu Bootsmann und Harpunier eingeladen wurden.

26. Zu meiner Krankheit gesellt sich noch eine viel gefährlichere; denn nach der Diagnose des Dr. Kepes zeigen sich Symptome von Scorbut. Das Zahnfleisch ist geschwollen und mit Blut unterlaufen, rothe Flecken an den Händen und Füßen sichtbar, mit Schmerzen in den Knien und Handgelenken; dabei kontinuirliches Fieber.

31. Heute wurde der Sylvester=Abend gefeiert und das Jahr 1874 bewillkommt.

Ich blieb auch bis 10 Uhr bei Tische, ging aber dann zur Ruhe.

Jänner 1874.

1. Die Temperatur wechselt zwischen — 5·2° auf — 14·5° R. bei unaufhörlichem Schneefalle und Schneetreiben.

    Bei der heutigen Mittagstafel ist wenig Zuspruch, dagegen werden Häringe und Sardellen sehr geachtet.

3. Die Temperatur steigt noch und variirt zwischen — 20° auf — 7·5° R. bei starkem Nebelreiffen, gemischt mit feinem wässerigem Schnee.

    In Folge heftiger Schmerzen muß ich den heutigen Tag im Bette zubringen.

6. Die Temperatur ist wieder bedeutend gefallen und variirt heute zwischen — 18·6° auf — 26·0° R. Der Mond ist mit einem Ringe umgeben und verbindet ein Kreuz beide. Die Mitte dieser Figur bildet der Mond und an den 4 Durchschnittspunkten des Ringes ist je ein Nebenmond sichtbar. Ueberdieß wird diese interessante Erscheinung oben von einem offenen, nach aufwärts gekehrten Kreisbogen gekrönt.

9. Abends 6 Uhr bekam ich einen heftigen Fieberanfall bei 120 Pulsschlägen per Minute und dauerte das Fieber die ganze Nacht hindurch:

10. Um 12½ Uhr Mittags ging Herr Orel in das am Eise befindliche Beobachtungshaus, um daselbst

den Thermometer abzulesen. Am Rückwege wurde er knapp unter Bord von einem Eisbären angefallen — und da er keine Waffe bei sich hatte, schleuderte er demselben die in der Hand befindliche Handlaterne an den Kopf, sprang behende über die Treppe an Bord, erfaßte das in der Nähe befindliche Wachgewehr und schoß dem Bären, welcher ihm mittlerweile bereits einige Stufen nachgeklettert war, eine Kugel in den Leib, die ihn von weiterer Verfolgung abhielt, um gleich darauf von der auf Deck gestürzten Schiffsbemannung getödtet zu werden. Es war dieß ein 2 Meter 30 Centim. langes Männchen und befand sich in seinem Magen nicht eine Spur von Nahrung.

12. Wir haben empfindliche Kälte bei einem Minimum von — 36·5° R.
Mein Zustand hat sich bedeutend gebessert; das Fieber blieb gänzlich aus; nur fühle ich bei namenloser Schwäche noch heftige Schmerzen in den Füßen.

13. Heute sind wir 550 Tage in See; mein Gesundheitszustand bessert sich.

14. Ich bekam abermals einen starken Fieberanfall und muß im Bette bleiben und werde ich die weiteren Aufschreibungen bei meiner Wiedergenesung dem Schiffstagebuche entnehmen.

Um dieß zu thun, nahm sich Otto Krisch am 13. Februar einen Anlauf und fing folgende, dem Schiffstagebuche entnommene Stelle zu schreiben an:

15. Jänner. Wind aus N.N.O. 4 und Nord, dann Stille. Temperatur von -27_0 R. auf $-32°$ R. Minim. — $32·9°$ R. —

Dieß sind die letzten, von unserem braven Landsmanne mit unsicherer Hand geschriebenen Worte.

— — — — — — —

Wie schmerzlich es ist einen theueren Bruder, einen treuen Freund, einen uns bekannten edlen Menschen weit entfernt von uns in das dunkle Jenseits hinüber treten zu wissen, ein ebenso wohlthuendes Gefühl bemächtiget sich unserer Seele, wenn aus trauriger Ferne die Kunde zu uns herüberbringt, die uns lehrt, daß der Theuere in seinen letzten Augenblicken von seiner Umgebung mit aller Sorgfalt und Liebe gepflegt und in Ehren bestattet worden sei.

Daß dieß in vollem Maße geschehen, beweisen nebstdem noch die vielen vom Stabe und der Mannschaft des „Tegetthoff" an mich gelangten münblichen und schriftlichen Mittheilungen; und will ich zum Schlusse nur die liebevollen Worte anführen, die Dr. Kepes in seinem am 19. Oktober 1874 zu Pesth gehaltenen Vortrage, seinem armen Gefährten gewidmet hat:
„Unsere Zufriedenheit und Freude wurde durch nichts „gestört, als durch die Krankheit des armen Krisch. „Er siechte seit Monaten dahin, ohne sein Krankenbett „zu verlassen. Ich beobachtete die Symptome seiner

113

„Krankheit seit dem April und schon damals bereitete
„ich meine Freunde auf den traurigen Ausgang vor.
„Erstlich litt er an Lungensucht, im August trat noch
„eine Darmtuberkulose hinzu und als wäre all' dieß noch
„nicht genug, wurde er Anfangs Februar 1874 noch
„mit Skorbut behaftet. Anfangs März nahm sein
„Schwächezustand immer mehr und mehr zu, und am
„16. dieses Monats fand er nach schwerer und lang=
„wieriger Krankheit die ewige Ruhe. Unter allen Un=
„bilden der Expedition ist uns Allen keine einzige That=
„sache in so trauriger und schmerzlicher Erinnerung
„geblieben, als diese Krankheit und der Tod unseres
„unglücklichen Gefährten".

„An sein Krankenbett gefesselt, hörte er mit der
„größten Freude die Berathung, die wir am 23. Februar
„pflegten und freute sich wie ein Kind, als wir den
„26. Mai als den Tag unserer Rückkehr bestimmten —
„der Arme! er konnte sich damals kaum mehr auf den
„Füßen erhalten. Wenn schon das Leben in dieser
„starren Himmelszone traurig ist, um wie viel trauriger
„ist dann erst der Tod — wie ergreifend ist ein Be=
„gräbniß im Polarmeer!"

„Die menschliche Fantasie ist unfähig sich ein
„treues Bild davon zu machen; wie unser unsterblicher
„Dichter singt, ist sie „rasch wie eines Adlers Flug,
„der müde wird, eh' er an's Ziel gelangt."

„Lebhaft und klar kann ich mich noch des stürmi=
„schen Märztages erinnern — es war am 19. — als
„wir den theueren Freund bestatteten. Ich sehe, wie der
„mit den Schiffswimpeln bedeckte Sarg auf dem Schlitten

„ruht; ich sehe die in Pelze gekleideten Matrosen, wie
„sie, bis an den Leib in Schnee versinkend, die schmerz=
„erregende Last ziehen. Es ist, als sähe ich noch jetzt
„die tiefe Felsspalte, welche das neue Land dem Ver=
„ewigten als Grab beschied; da selbst nach breitägigem
„Forschen eine andere Stätte nicht zu finden war.
„Dort ruht unser unvergeßlicher Freund auf dem „Kap
„Wilczek" in einer tiefen Felsspalte; außer dem wild=
„stürmenden Unwetter, das über seinem verlassenen
„Grabe braust, stört nichts seine Ruhe. Aber dieß ist
„so schrecklich! — Wenn irgend etwas auf der Welt
„vorhanden wäre, was die Todten aus dem ewigen
„Schlafe emporzurütteln vermag, dann wäre dieß ohne
„Zweifel der schauerliche Sturm, der die Polargegend
„heulend durchzieht." —

„Wenn nach Jahrhunderten wieder einmal Menschen
„das „Kap Wilczek" betreten sollten, dann wird ihnen
„ein einfaches Kreuz auf eisigem Boden künden: Hier
„ruht ein Mann, in weitentlegenem Land geboren, und
„hier verstorben, ein Held der Wissenschaft! —"*)

---

*) Die von Johannes Nordmann redigirte in Wien erscheinende
„Neue Illustrirte Zeitung" brachte zum Schlusse des Jahres 1874 als eine
Reminiszenz an die Nordpol-Expedition eine vom Schiffslieutenant Herrn Orel
gezeichnete, größere Illustration und einige Tagebuchblätter, genau in der Form,
wie sie am Bord des Tegetthoff aufgenommen worden sind.

Die Illustration zeigt im Hintergrunde das Cap Wilczek der Wilczek=
Insel. Zur Rechten einen Matrosen, welcher auf einem Hundeschlitten die
Grabwerkzeuge führt, am Fuße des Caps zwei Mann, welche über die Ebbe=
und Fluthsprünge gehen. In der Mitte ist der Leichenzug abgebildet, im Border=
grunde eine Partie verwehter Eisschollen.

Krisch liegt 200 Fuß über dem Meeres=Niveau, beiläufig auf der
mittleren Felsenpartie des Bildes. Die Leiche wurde in eine Felsspalte
gelegt, auf welche man einen Stein wälzte; um die Eisbären von der Leiche

Um diesem Journal-Auszuge im Interesse des glücklichen Erfolges, von dem diese Expedition gekrönt wurde, einen Abschluß zu verleihen, sei es mir gestattet, noch Nachstehendes zu erwähnen:

Sobald die ersten Strahlen der wiederkehrenden Sonne die Eisgletscher des naheliegenden Ländergebietes zu vergolden anfingen, war man eifrig bedacht, das Franz-Josefs-Land, soweit es die Umstände erlaubten, zu erforschen. Zu diesem Behufe wurden unter Führung

---

abzuhalten, wurde eine Pyramide aus Kohlenziegeln über der Ruhestätte errichtet. Ein Kreuz aus Holz, daran eine Messingtafel mit einer Inschrift, bezeichnen das einsame Grab des Braven, der auf dem Felde der Ehre gefallen, ein Soldat der Wissenschaft, des Forscherthums! . .

Die Tagebuchblätter des Herrn O r e l lauten:

16. M ä r z 1874.

Klares Wetter, Abends Schneefall, meist 30° R. Minimum 38.4 R. Um 4¼ Uhr p. m. ist Maschinist Otto Krisch gestorben — gebürtig aus Paczlavetz, Bezirk Zdaunek, Mähren, 29 Jahre alt, nach langem Krankenlager an allgemeiner Tuberculose und Scorbut. War seit 12. April 1873 in ärztlicher Behandlung.

18. M ä r z 1874.

Ost (Windstärke 5) etwas Schneefall, Weyprecht mit 2 Mann an Land, eine geeignete Begräbnißstelle zu suchen. Schnee weich. Kamen sehr ermüdet zurück. Nachmittags sollte die Leiche begraben werden, Wetters wegen aber verschoben.

19. M ä r z 1874.

Ost (Windstärke 5—6) heftiges dichtes Schneegestöber, — 9¼ Uhr a. m. wurde die Leiche von Bord auf einen Schlitten getragen (sie lag seit gestern eingesargt und aufgebahrt auf Deck) und in Begleitung aller dienstfreien Gesunden an's Land gebracht, und dort auf Cap Wilczek (Wilczek-Insel) begraben. — 12½ Uhr p. m. Rückkehr Aller, die Mehrzahl mit erfrornen Gesichtern, — es gehen alle bemalt herum (Jod-Lösung wird auf die erfrornen Stellen gepinselt).

20. März 1874.

Privat-Nachlaß von Krisch aufgenommen, Briefe im Beisein von Zeugen verbrannt. — Tagebuch versiegelt. Die alten Sachen auf's Eis geworfen, neue deponirt.

des Herrn Payer drei Schlitten-Expeditionen, von denen die letzte 30 Tage dauerte, in das Innere des Landes gemacht, bei welch' letzterer unsere wackeren Landsleute bis auf 82° 5' Nord vorgedrungen waren. Am 20. Mai, 8 Uhr Abends, wurde das Schiff wegen seiner Unhaltbarkeit und auf ärztlichen Rath verlassen und der in den Annalen der Polarforschungen mit goldenen Lettern verzeichnete, 96 volle Tage dauernde Rückzug mittelst Booten und Schlitten angetreten. Die übermenschlichen physischen Anstrengungen, die unsäglichen Entbehrungen jeder Art, die moralischen, fast eine jede Hoffnung zur Rettung vernichtenden Eindrücke, in Folge der ungünstigen Eisverhältnisse, welche eine zweimonatliche Herkules-Arbeit auf Null reduzirten, die gefahrvolle 10tägige Fahrt auf den stürmischen Wogen des Ozeans in kleinen und gebrechlichen Booten, die fortwährende Besorgniß, in dunkler Nacht von seinen theueren Gefährten vielleicht für immer getrennt zu werden, und die am 24. August erfolgte Auffindung des russischen Schiffes, dessen braver Capitän Boronin unsere Theueren in so herzlicher Weise aufnahm und wohlbehalten an die norwegische Küste brachte, sind heute ebenso viele Lorbeerzweige, welche in einen Kranz gewunden, das Haupt eines jeden Mitgliedes dieser kleinen Heldenschaar zum berechtigten Stolze unseres Vaterlandes zieren! —

Ende.